Uwe Teichmann

Leidenschaft für die Predigt

Uwe Teichmann

Leidenschaft für die Predigt

Die Frage nach den Quellen, aus denen sich eine Leidenschaft für die Predigt speist

Fromm Verlag

Impressum/Imprint (nur für Deutschland/ only for Germany)
Bibliografische Information der Deutschen Nationalbibliothek: Die Deutsche Nationalbibliothek verzeichnet diese Publikation in der Deutschen Nationalbibliografie; detaillierte bibliografische Daten sind im Internet über http://dnb.d-nb.de abrufbar.

Coverbild: www.ingimage.com

Contact:
International Book Market Service Ltd., 17 Rue Meldrum, Beau Bassin, 1713-01 Mauritius
Website: www.bookmarketservice.com
Email: info@bookmarketservice.com

Gedruckt in: USA, UK, Deutschland. Dieses Buch wurde nicht in Mauritius produziert.

Imprint (only for USA, GB)
Bibliographic information published by the Deutsche Nationalbibliothek: The Deutsche Nationalbibliothek lists this publication in the Deutsche Nationalbibliografie; detailed bibliographic data are available in the Internet at http://dnb.d-nb.de.

Cover image: www.ingimage.com

Contact:
International Book Market Service Ltd., 17 Rue Meldrum, Beau Bassin, 1713-01 Mauritius
Website: www.bookmarketservice.com
Email: info@bookmarketservice.com

Printed in: U.S.A., U.K., Germany. This book was not produced in Mauritius.

ISBN: 978-3-8416-0139-1

Leidenschaft für die Predigt

Die Frage nach den Quellen, aus denen sich
eine Leidenschaft für die Predigt speist

Bericht zum Studiensemester
von Superintendent Uwe Teichmann
15.09 – 15.12.2009

Evangelischer Kirchenkreis Lehnin-Belzig

Kloster Lehnin 2010

„Betet allezeit mit Bitten und Flehen im Geist
und wacht dazu mit aller Beharrlichkeit im Gebet
für alle Heiligen
und für mich,
dass mir das Wort gegeben werde,
wenn ich meinen Mund auftue,
freimütig das Geheimnis des Evangeliums
zu verkündigen.“
(Philipper 6,18)

„Betet zugleich auch für uns,
dass Gott uns eine Tür für das Wort auftue
und wir das Geheimnis Christi sagen können...“
(Kolosser 4,3)

Inhaltsverzeichnis

I. Vorwort

Die Predigt hat für mich in meinem pfarramtlichen Dienst immer einen besonderen Reiz ausgemacht. Zwischen freudiger Leidenschaft und ermüdender Arbeit erstrecken sich meine Erfahrungen. Schon länger verspürte ich den Wunsch in mir, der Predigtarbeit theologisch gründlicher nachzugehen. Im Studium ist die Homiletik zwar berührt worden, aber spielte doch eher als theologische Disziplin ein Randdasein. Mit dem Vikariat aber ging es los. Ein junger Theologe voll Elan wurde auf die Gemeinde losgelassen und musste seine homiletischen Erfahrungen machen. Dies ist gewiss in allen Bereichen des pfarramtlichen Dienstes gleich und heißt für den Berufsanfänger eben weitere praktische Lehrjahre. Irgendwann wird es aber Zeit, das, was einem besonders am Herzen liegt, stärker zu durchdenken.

Hinzu kommt für mich mein kirchenleitendes Amt als Superintendent. Leitung geschieht für mich zuerst durch Verkündigung. Zugleich hat das Superintendentenamt eine visitatorische Aufgabe. So ist es mir nach wie vor wichtig, selbst als Prediger unter der Kanzel eines Kollegen zu sitzen, der Kollegin durch meine Teilnahme am Gottesdienst Wertschätzung ihrer Arbeit auszudrücken und sie und ihn in dieser Arbeit des pfarramtlichen Dienstes zu begleiten. Ich spüre zunehmend, dass der Wunsch nach einem Feedback unter den pfarramtlich Mitarbeitenden im Gegensatz zu früheren Zeiten wächst.

Das also sind die Gründe – die eigene Predigtaufgabe und die visitatorische Begleitung – die mich bewogen haben mein Studiensemester in der Zeit vom 15. September bis 15. Dezember 2009 dem Fachbereich Homiletik zu widmen. Da ich den Predigtdienst für die zentrale Kernaufgabe halte, entstand in mir die Suche nach der Leidenschaft für diesen Dienst und was diese Leidenschaft bremst. Im Gespräch mit dem Direktor des Predigerseminars in Braunschweig, Pfarrer Dieter Rammler, erwuchs daraus die Fragestellung, wie sich Strukturveränderungen auf diese Kernaufgabe auswirken. In den zukunftsweisenden Papieren unserer Kirche, dem Impulspapier Kirche der Freiheit und dem Perspektivprogramm der EKBO „Salz der Erde" wird eine Qualitätsverbesserung in den Kernaufgaben angeregt. Ohne diesen Papieren gleich das Wort zu reden, trifft sich deren Forderung mit meinem persönlichen Empfinden, der Qualität der Predigt größere Aufmerksamkeit zu widmen. Das ist mein Wunsch. Zugleich spürte ich in mir, dass es hier nicht von großem Nutzen ist Qualität einzufordern – sich selbst und anderen gegenüber – sondern nach dem Anreiz der Predigt zu suchen, welcher Kraft, Freude und Begeisterung für diesen wichtigen Dienst auslöst. Das führte zur Frage für mich: Gibt es eine Leidenschaft und woraus speist sich diese?

In dieser Suchbewegung, in die ich die Leserin und den Leser mit hinein nehmen möchte, befinde ich mich selbst als Prediger und zugleich in meiner begleitenden Aufgabe als Superintendent. Diese beiden Bereiche werden sich immer wieder vermengen, weil sie letztlich für mich zusammen laufen. Zuerst will ich den Predigtdienst bei mir selbst befragen ehe ich anderen rate.

II. Einleitung

Der badische Landesbischof Ulrich Fischer „... bezeichnete das Predigen als anstrengendste und anregendste Aufgabe seiner Tätigkeit. Auch nach 30 Jahren und 1000 Predigten habe er die Lust daran nicht verloren.“[1] Mit solchen Zahlen kann ich nach fast zwanzig Jahren im Dienst noch nicht aufwarten, aber die Empfindungen gleichen sich. Ich predige leidenschaftlich gern. Der Weg zur Predigt ist oft schwer, der Predigtvortrag ist demgegenüber der schönere Moment.

Es geht mir persönlich und auch im Blick auf meine Geschwister im Pfarrdienst um eine solche Leidenschaft. Wenn der Predigtdienst zur Last wird, ist es nicht nur für die Predigerin schwer, immer von neuem auf die Kanzel zu müssen. Auch der Hörer spürt zumindest zwischen den Zeilen diese Last.

Ich nehme durch meine Tätigkeit als Superintendent auf der einen Seite eine große Mühe auf unseren Kanzeln wahr. Ideenreiche, kraftvolle Predigten erklingen Sonntag für Sonntag, ihnen ist Kreativität, Sprachschöpfung, Freude am Wort Gottes und Lust am Predigtdienst abzuspüren. Andererseits gibt es selbstverständlich auch Ermüdungen.

---

[1] Evangelische Zeitung vom 15.03.2009

Da ist manchmal mehr Last als Lust zu spüren. Es fehlt zuweilen an handwerklichem Können, an Vorbereitungszeit und Selbstreflexion. Die Predigt, egal woher sie kommt – möglicherweise aus dem Internet[2] –, wird schlimmstenfalls nur vorgetragen, ohne dass der Prediger diese selbst durchwirkt, durchlebt, erkämpft, durchlitten hat und mit seiner ganzen Person dahinter steht. Ich persönlich halte das Abrufen der Predigt aus dem Internet für einen Verfall unserer Profession, würde aber dennoch sagen, wenn die Internetpredigt die Ausnahme ist und sich der Prediger, die von dort geholte Predigt zu eigen macht, könnte es eine ernst zu nehmende Alternative im Falle zu hoher Belastung sein. Lieber eine gute Predigt aus dem Internet, als schnell noch was zusammen geschrieben.

So geschieht es, dass ich als Hörer eine Differenz zwischen der Predigerin und ihrer Predigt erlebe. Er oder sie trägt etwas Fremdes vor. Selbstverständlich durchmengt sich hier vieles. Lust und Last lösen einander ab. Kein Sonntag gleicht dem anderen. Wir können und müssen als Prediger auch nicht immer „gut" sein. Es grenzt schon an ein Wunder, dass der Strom von Predigten landauf und landab nicht abreißt. Wie viel Kraft und Mühe hier investiert wird und dass das

---

[2] Hans Martin Barth setzt sich in einem Artikel im Pfarrerblatt Heft 5/2009 auf den S. 265-267 mit der Internetnutzung kritisch auseinander

Wort Gottes immer von neuem im Menschenwort laut wird in unseren Kirchen, dafür können wir dankbar sein.

Wir haben einen großartigen Dienst als Predigerinnen und Prediger. Er gibt uns auch selbst viel. Darum gilt es nach der Leidenschaft und den Quellen, aus denen sie schöpft, zu fragen und ernsthaft die Faktoren in den Blick zu nehmen, die jegliche Begeisterung hemmen.

Folgende Voraussetzungen gelten für mich:

1. Die Predigt ist ein geistliches Geschehen. Ansonsten möchte ich nicht auf die Kanzel gehen.
2. Die Predigt geschieht in einer dynamischen Wechselwirkung zwischen dem dreieinigen Gott, dem Prediger, und der Hörerin.
3. Die Leidenschaft für die Predigt ist nicht zu machen, sie speist sich vielmehr aus verschiedenen Quellen. Nach diesen Quellen ist zu fragen.
4. Die Predigt hat ihre Bedeutung für den Hörer, für die Gemeinde und für die Öffentlichkeit nicht verloren. Sie wird gewollt und ist gefragt.
5. Die Predigt ist und bleibt eine Kernaufgabe von Pfarrerinnen und Pfarrern. Wir sind dazu berufen und beauftragt.

Von diesen Vorrausetzungen ausgehend habe ich für mich folgende Quellen entdeckt, aus denen sich die Leidenschaft für die Predigt speisen könnte. Sie sind mir in diesem Studiensemester durch Lektüre, durch die Kurse im Atelier Sprache und eigenes Nachdenken über die Praxis wichtig geworden. Sie seien hier vorweg genannt und später ausführlich beleuchtet:

1. Quelle der Spiritualität
2. Quelle der Theologie
3. Quelle der Bibel
4. Quelle der sprachschöpferischen Kreativität
5. Quelle der Performance
6. Quelle der Lebensdienlichkeit
7. Quelle der Dankbarkeit
8. Quelle des Lobpreises
9. Quelle des künstlerischen Spiels
10. Quelle der Freiheit

Es gibt im Leben nicht immer nur Leidenschaft, Begeisterung und Freude, sondern auch so manches, das uns ermüdet. Es mögen innere und äußerer Faktoren sein. Darum stelle ich bewusst folgende den Predigtdienst ermüdende Faktoren, die mir aufgefallen sind, jeglicher Suche nach den Quellen der Leidenschaft entgegen. Auch diese seien hier vorwegnehmend aufgelistet:

1. Geistliche Leere
2. Fehlende Zeit zur Vorbereitung
3. Strukturüberforderungen
4. Aufkommende Unsicherheit im Amt
5. Häufigkeit und zu hohe Frequenz der Predigt
6. „Ich kann mich selber nicht mehr hören!“
7. Sonntag für Sonntag ein langes Predigerleben
8. Die Predigt bleibt ohne Resonanz
9. Erwartungsdruck von außen
10. Originalität der Predigt als innerer Erwartungsdruck

Es versteht sich von selbst, dass der Leser dieses Berichtes nun aufgefordert ist, diese Auflistung an Quellen und ermüdenden Faktoren zu ergänzen oder zusammenzustreichen.

III. Den Predigtdienst ermüdende Faktoren

Ich beginne damit, weil bekanntlich das Beste, also die Quellen, am Schluss aufleuchten sollen und uns in eine positive Vorwärtsbewegung bringen können – wie beim Predigtschluss. Bewusst aber auch deshalb, weil die Scham unter uns hoch ist, solche Ermüdungen zu benennen. Höchstens das unter 2. und 3. Genannte wird häufig erwähnt. Es soll damit nicht abgewertet werden, im Sinne von „Stöhnen gehört zum Geschäft" oder Stress und viele Arbeit gehört zur Selbstdarstellung nach außen. Nein, das unter 2. und 3. Genannte ist ernst zu nehmen, auch eine gefühlte Überforderung zeigt eine Überforderung, und möglicher Zeitmangel, aus welchen Gründen auch immer, ist ein tatsächlicher Zeitmangel.

1. Geistliche Leere

Geistliche Leere muss nicht gleich ein Burnout sein, kann aber ein Anzeichen dessen sein. Was mache ich, wenn sich der Eindruck bei mir einstellt, dass ich geistlich nichts zu sagen habe? Wenn ich empfinde, dass das Bibelwort von einer Wirklichkeit zeugt, die ich nicht spüre, die ich nicht glauben kann, darum auch nicht freimütig verkündigen kann? Was macht der Prediger, dem der Glaube verloren gegangen scheint? Soll der den Beruf wechseln? Soll er von der Kanzel seinen Zweifel bekennen, um sozusagen authentisch und ehrlich zu sein? Soll er in seiner Verkündigung die Schwerpunkte verlagern auf rein innerweltliche Themen, wie soziales Engagement, Friedensethik, politische Verantwortung? Dieser Ausweg verbietet sich von selbst. Erstens geht das Letztgenannte in der Predigt nicht ohne die Wirklichkeit Gottes in unserer Wirklichkeit. Zweitens soll das Letztgenannte in keiner Weise diskreditiert werden, als sei es ungeistliche Rede. Es gehört zu unserem Wächteramt als Kirche, dass wir von der biblischen Botschaft her deutlich Stellung beziehen zu den Fragen unserer Zeit. Im Übrigen ist das Evangelium zutiefst politisch, denn es verkündet den einen Herrn und erinnert uns alle an unsere Verantwortung vor Gott. Damit ist deutlich angezeigt, dass der Glaube und die Verkündigung keine Angelegenheiten reiner Innerlichkeit sind. Wenn wir die „Verkrümmungen“[3] unserer Zeit nicht beim Namen nennen, kann es keine Befreiungen geben.

Nun brauchen wir nicht den Prediger, der über alle Glaubenszweifel erhaben zu sein scheint. Das Wort Gottes wird auch nicht durch meinen Glauben autorisiert und in Kraft gesetzt. Ich selbst werde vielmehr vom Wort Gottes

---

[3] Andrea Bieler und Hans Martin Gutmann sprechen in ihrem Buch „ Die Rechtfertigung der Überflüssigen“ von Verkrümmungen des Menschen.

getragen. David Plüss rückt die Rolle des Predigers und der Predigerin ins rechte Licht: „Die Predigerin sagt der Gemeinde eine Zukunft, eine Hoffnung und eine Freiheit an und weiß sich zu dieser Ansage beauftragt; dass sie das Angesagte nicht als Privatperson zu verbürgen braucht."[4]

Und doch ist die Glaubenskrise, die jeden ereilen kann, nicht weg zu reden. Der Glaube ist ein Geschenk. Ich bleibe zwar in meiner Glaubenskrise ein Gerechtfertigter und habe kein Recht mich selbst zu verurteilen, aber schmerzhaft bleibt es doch. Und was eine solche Leere bedeutet, lässt sich nicht einfach beschreiben oder von außen beurteilen. Ich denke, hier ist die Verantwortung der Kirche gefragt. Eine Auszeit, ein Predigtsabbat und eine professionelle Begleitung sind von Nöten, so könnte die eigene Spiritualität wieder wachsen.

Schlimm aber ist es, wenn wir solches unter uns nicht zulassen, selbst an uns nicht wahrhaben wollen, dann knechten wir uns unter ein eigenes Gesetz und haben das Evangelium wohl gründlich missverstanden. Hier ist eine eigene und geschwisterliche Achtsamkeit gefragt und ein Problem benannt, das es sensibel zu thematisieren gilt auf

---

[4] Plüss S. 259

Pfarrkonventen, in Orientierungsgesprächen und Visitationen.

2. Fehlende Zeit zur Vorbereitung

Eine Predigt braucht Zeit. Ich selbst brauche Zeit und Ruhe, um meine Predigt entstehen zu lassen. Hier hat jeder seinen eigenen Zeitbedarf und seinen eigenen Arbeitsrhythmus. Ich persönlich würde eine völlige Blockade in mir empfinden, wenn ich unter Zeitdruck z. B. erst am Vortag die Predigt zu schreiben hätte, bei manch anderem ist ein solcher Druck der auslösende Moment der Kreativität.

In einem Seminar im Atelier Sprache haben wir unter siebzehn anwesenden Pfarrerinnen und Pfarrern einen Durchschnittswert von 6 bis 8 Stunden ermittelt für die Vorbereitung und Ausführung der Predigt. Das Pfarrerleitbild der EKBO setzt den Orientierungsrahmen für die gesamte Gottesdienstvorbereitung und Durchführung mit 9,5 Stunden an.[5] Rudolf Bohren spricht von zwei Tagen.[6] Welch paradiesische Zustände möchte ich ausrufen. Natürlich hängt die Vorbereitungszeit auch von der Predigtfrequenz ab. Trotz

---

[5] Leitbild für die Evang. Kirche Berlin-Brandenburg: Pfarrerin und Pfarrer als Beruf, S. 17

[6] Bohren S. 375

mancher Unsortiertheit im Wochenrhythmus und nicht festgelegten Zeiten der Predigtvorbereitung ist aber der Zeitmangel nicht bloß eine Frage der Selbstorganisation, auch nicht ein nur gefühltes sondern zunehmend ein tatsächliches Problem.

Die Fülle der Aufgaben erstickt und laugt mich aus, raubt mir die Kraft und die Zeit. Eine solche persönliche und bereits reflektierte Aussage ist mir berichtet worden und ich ziehe den Hut vor dem Mut, dies ehrlich auszusprechen. Aus der Lust wird die Last, weil eine Predigt als öffentliche und zugleich persönliche Rede nicht nebenbei und nicht unter Zeitdruck wie aus der Tube gedrückt werden kann. Es bleibt ein Unbehagen, wenn im Bilde gesprochen die Gärungszeit nicht ausgereicht hat. Das Schwangergehen mit dem Bibeltext, das Ideensammeln, das Gebet, das laute Memorieren der Predigt, all' dies braucht seine Zeit. Wir dürfen das nicht unterschätzen, da uns die Qualität der Predigt am Herzen liegt. Und Prediger halten es nur bedingt aus, wenn sie ihrem Anspruch an die Predigt immer hinterher hinken. Man kann nicht im Pfarramt Predigerin im Nebenamt sein, wenn für diese Hauptaufgabe die Zeit fehlt, dann muss etwas geändert werden: Sei es an der Aufgabenfülle, sei es an anderer Entlastung.

Aus meiner Sicht als Superintendent sehe ich einen Aspekt möglicher Entlastung in einem stärkeren Austausch zwischen den pfarramtlich Mitarbeitenden. Es muss im Bilde gesprochen nicht jeder das Rad neu erfinden. Es geht nicht, dass an jedem Ort alles in gleicher Weise geschieht. Warum nicht bestimmte Veranstaltungen an bestimmten Orten konzentrieren? Warum nicht eine gute Predigt oder Bibelarbeit noch mal woanders einsetzen? Daran knüpft sich ein weiterer Aspekt möglicher Entlastung an. Ich halte eine Arbeitsökonomie für unerlässlich und meine z. B. damit, dass Teile einer Predigt zugleich als Andacht oder als Beiträge in Gemeindebriefen und Zeitungen genutzt werden können. Wir sollten da erfinderisch werden. Wir können nicht nur aus zeitlichen Gründen ständig etwas Neues produzieren. Damit seien nur ein paar Aspekte angedeutet. Alles Weitere würde hier den Rahmen sprengen.

Mit Rudolf Bohren meine ich, dass es manchmal besser ist, Predigten oder Predigtpassagen zu übernehmen, hinter denen man als Verkündiger dann allerdings authentisch stehen muss, also sie sich zu Eigen machen muss. Auch wenn dies gegen unsere Berufsehre geht, so würde es ebenso gegen unsere Berufsehre gehen, wenn wir in einem so sensiblen Feld wie der Predigt unter ständigem Zeitdruck stehen. Ich befürworte deswegen ebenso einen häufigeren

Kanzeltausch wie einen predigtfreien Sonntag im Monat – dies wäre ein kleiner Predigtsabbat.

3. Strukturüberforderungen

Demografischer Wandel und Einnahmeverluste nötigen uns in kirchenleitender Verantwortung dazu, Personal zu reduzieren, das führt zu größeren Zuständigkeitsbereichen und mangels weiterer Mitarbeiter zur „Allzuständigkeit“. Auf dem Lande bedeutet das z. B. in den neuen Bundesländern bis zu sechzehn Predigtstätten und damit große weitläufige Amtsbereiche. In der Stadt bedeutet dies u. a. die Fülle von Amtshandlungen, die auf der oft allein verbliebenen Stelleninhaberin lasten.

Was macht das mit uns? Laugen uns die Strukturveränderungen aus? Unbenommen fordern sie dem Einzelnen mehr Kraft und Zeit ab. Hinzu kommt die psychische Belastung, alles nicht mehr zu schaffen und womöglich bei der nächsten Strukturreform noch mehr aufgebürdet zu bekommen. Das kann nicht ohne Rückwirkung auf die Predigtarbeit bleiben, nicht nur in zeitlicher Hinsicht. Die Schönheit des Amtes verkommt zu Maschinerie. Die Grenzen der Belastbarkeit sind schon lange in Sicht. Der ehemalige Ratsvorsitzende Bischof Huber sprach in Kassel beim Zukunftskongress der EKD von einem Leben auf Pump – hier auf die Kraft der Mitarbeitenden bezogen. Wir stoßen an die Grenzen der Belastbarkeit. Egal wie begründet auch immer und im weltweiten Vergleich der Kirche und im Horizont der Kirchengeschichte relativiert gesehen, ist die hier gefühlte Belastung eine tatsächliche.

Wenn wir sie mit Gottes Hilfe anpacken wollen – wie sollte es anders sein –, dann muss diese unter uns benannt werden und gemeinschaftlich als Kirche nach Entlastungen gesucht werden. Im Impulspapier „Kirche der Freiheit" heißt es, dass sich der Pfarrdienst auf seine Kernaufgaben besinnen muss und diese qualitätsvoll gestalten soll.[7] Leider wird m. E. dieses Papier nicht als Impulspapier gelesen, sondern wie ein forderndes Gesetzblatt. Es geht wohl nur nach vorne durch Konzentration und Entlastung, d. h. aber auch, wir müssen uns als Mitarbeitende und als Gemeindeglieder von einem Bild von Kirche in uns verabschieden, das es allen und in allen Belangen recht macht. Weg von der Versorgungsmentalität hin zur Beteiligungskirche lautet die Devise. Ich merke wie schnell wir trotz aller Anstrengung hier an unsere Grenzen stoßen, gerade im ländlichen Bereich.

---

[7] Kirche der Freiheit: 1. Leuchtfeuer, S. 49–52

Vielleicht kann mit Gottes Hilfe eine gute Predigt am Sonntag mehr bewirken als auslaugende, allzuständige und letztlich undeutliche Aktivität in der Woche. Kraft bekomme ich von Gott her, in der Begegnung mit ihm und durch seinen Zuspruch, das alles finde ich im Gottesdienst, nicht durch meine Leistung in der Woche. Das erste der Woche ist die Sabbatruhe.

4. Aufkommende Unsicherheit im Amt

Zwar hat das Pfarramt immer noch ein hohes Ansehen und genießt Vertrauen, aber es scheint bei manchen zu bröckeln. Das lässt uns als pfarramtlich Mitarbeitende fragen: Wer bin ich, dass ich anderen zu predigen habe?

„Kirche der Freiheit“ und „Salz der Erde“[8] heben den Pfarrberuf zum Leidwesen der anderen Mitarbeitenden deutlich heraus und dies aus gutem Grund. Nicht aus Gründen einer Mitarbeiterhierarchie, sondern wie ich meine aus dem besonderen Dienst des Pfarrers und der Pfarrerin in der evangelischen Kirche. Vom Auftrag der Wortverkündigung her, zu dem sie und er nach der Ordnung unserer Kirche ordiniert und berufen sind, ergibt sich die Würde des

---

[8] A. a. O. , 6. Leuchtfeuer, S. 71–75 und „Salz der Erde“. Das Perspektivprogramm der EKBO, S. 81-84

Amtes. Er und sie sind nicht zuerst Trainer der Mitarbeiter, Verwaltungsbeamte des Pfarramtes, sie sind Prediger und Predigerin. Von der Kirche und von der Gemeinde dazu beauftragt, öffentlich das Wort Gottes zu predigen. Die Confessio Augustana spricht es in Artikel 5 grundlegend und deutlich aus.

David Plüss spricht davon: „Für den Predigtgottesdienst ist die Rolle der Predigerin zentral. Als solche tritt sie ... der Gemeinde gegenüber. Sie spricht sie im Namen Gottes an und spricht ihr Leben, Zukunft und Freiheit zu.“[9] Wilfried Engemann begründet das ganze Sein der Kirche von der Predigt her. Sie hat „Kirchebauende Funktion“.[10] Aus dem Verkündigungsauftrag an die ganze Gemeinde ergibt sich der besondere Predigtauftrag an den Einzelnen.[11] D. h. ich stehe nicht Kraft meiner eigenen „Wassersuppe“ auf der Kanzel, sondern ich bin als Prediger und Predigerin von der Gemeinde bewusst und gewollt und in Verantwortung gegenüber dem Auftrag des Herrn der Kirche dort hingestellt und mit dem Auftrag der öffentlichen Wortverkündigung betraut.

---

[9] Plüss, S. 263
[10] Engemann, S. 147
[11] A.a. O., S. 151

Als solcher bin ich auch nicht nur Teil meiner Gemeinde, sondern trete ihr durch diesen Auftrag gegenüber. Keiner kann sich selbst das Evangelium zusprechen[12], schon gar nicht in seiner verdichteten Form: „Ego te absolvo“ (ich spreche dich los). R. Bohren nennt dies die Hochsprache der Predigt.[13] Es braucht den Dienst des Gegenübers, in dem Gott zu Worte kommt, in dem sich das Wort Gottes ereignen kann. Die Grundordnung der EKBO unterstreicht dies mit der wechselseitigen Bindung und Freiheit des Amtes im Gegenüber zur Gemeinde.[14]

Aus dem eben Gesagten ergibt sich, dass ich mich auch nicht als Angestellter der Gemeinde verstehen darf, der sich den Bedürfnissen der Kerngemeinde oder des GKR (Kirchenvorstand) verpflichtet weiß. Das Amt erwächst aus dem Auftrag an die ganze Gemeinde zu einem Amt in und gegenüber der Gemeinde. Sein Dienst vollzieht sich in Freiheit von und in Bindung an die Gemeinde. Das Predigtamt begründet sich aus der „missio dei“, findet in Christus und in den Zeugnissen der Bibel seine Bestätigung

---

[12] A. a. O., S. 153

[13] Bohren, S. 302

[14] „Alle, die ein Amt wahrnehmen, sind an die Gemeinde gewiesen und ihr für eine ihrem Auftrag entsprechende Amtsführung verantwortlich. In der Erfüllung ihres Auftrages sind sie frei gegenüber Willkür der Gemeinde. Die Gemeinde ist an das Amt gewiesen, doch ist sie frei gegenüber einer willkürlichen, den Auftrag Gottes überschreitenden oder verlassenden Amtsführung.“ Grundordnung der EKBO, S. 9

und wird in der Reformation deutlich als das Amt der Kirche legitimiert. Sich als Prediger in dieser großen Linie zu wissen, hilft zur Bescheidenheit, bewahrt aber zugleich vor dem Absturz in die Bedeutungslosigkeit und in den Zweifel an sich selbst.

Ich stelle mich nicht selbst auf die Kanzel zur öffentlichen Verkündigung an alles Volk, sondern bin dort hingestellt. Ich verkündige nicht mich, sondern im Auftrag das Wort Gottes. Es geht nicht um meine sondern um Gottes Autorität. Es geht nicht um meine Worte, sondern um seine Worte in meinen Worten, damit die Predigt des Wortes Gottes, Gottes Wort werde.[15]

Ich betone dies deshalb so deutlich hier – nicht zur Selbstverherrlichung des Predigers, die Zeiten sind vorbei – um des Auftrages willen, den die Kirche hat. Darum darf die Predigerin ihr Amt nicht in Frage stellen. Dieser Auftrag stellt auch nicht das „Ich“ des Predigers in Frage wie in der dialektischen Theologie, so dass auf der Kanzel nur die schwarze Hülle des Talars stehen dürfte und eine fremde Stimme erklingt. Nein, die Verkündigung des Evangeliums geht mittels und über die Person, dies wiederum entspricht der Inkarnation Gottes in Christus. Ich bin mit meiner ganzen

[15] Bohren S. 50

Person Verkündiger des Evangeliums. Natürlich in dem Wissen darum, dass es nicht um mich sondern um Christus geht. Wir sollten uns der Würde dieses Auftrages bewusst sein.

5. Häufigkeit und zu hohe Frequenz der Predigt

Mit dem Zeitproblem und den strukturellen Überforderungen hat auch die Häufigkeit und hohe Frequenz des Predigtdienstes zu tun. Es verschränkt sich hier einiges. Trotzdem soll sie als Extrapunkt benannt werden. Jeden Sonntag und am Sonntag bis zu dreimal, an hohen Feiertagen fünfmal Predigtdienst kann dies im konkreten Fall bedeuten. Da kann sich eine Leidenschaft abschleifen, die Spannkraft ermatten, bis dahin, dass man sich selbst nicht mehr hören kann. Das ist mehr als verständlich.

Wie gehen wir damit um? Wird dem Prediger der predigtfreie Sonntag im Monat als Faulheit ausgelegt? Kann eine Gemeinde ernsthaft erwarten, dass ein Prediger Sonntag für Sonntag bis zu dreimal eine gute „Performance" (der Begriff meint den Predigtakt selbst und beschreibt ihn als öffentliche Aufführung) hinlegt, zumal wenn dies noch wie im ländlichen Bereich oft ohne Kirchenmusiker und in kleiner Gottesdienstgemeinde geschieht? Müssen wir hier nicht einerseits mit der menschlichen Ressource, wenn man es so nennen darf, vorsichtig umgehen – zumal in dem Bewusstsein, dass die Predigerin nicht nur die Predigt hält, sondern als Liturgin den gesamten Gottesdienst verantwortet? Ja vielmehr um des wertvollen Schatzes der Verkündigung willen, müssen wir hier doch sorgsam sein. Ich halte es für wichtig, dass hier kirchenleitend und gemeindeleitend die Predigerin und der Prediger nicht allein gelassen werden.

6. „Ich kann mich selber nicht mehr hören!"

Gibt es das? „Ich kann mich als Prediger selber nicht mehr reden hören!" Wenn es um die dritte oder weitere Predigtperfomance geht, wird es schnell einsichtig. Natürlich wird die Predigerin variieren, damit ist es aber nicht immer getan. Was aber heißt es, wenn es generell, also unabhängig von der Predigthäufigkeit, gilt und auch für den Hörer gilt? Nach dem Motto: „Wir wissen schon was kommt, oder wo es nach den ersten Worten der Predigt wieder hingeht."

Der Gemeinde mag der Kanzeltausch gut tun. Dem Prediger mag helfen, seinen eigenen Horizont durch gute Lektüre zu weiten und durch Fortbildungen und Feedback sich mal von außen zu sehen und sich öfters mal am Predigsabbat unter eine andere Kanzel zu setzen.

Es bleibt aber der ernst zu nehmende Satz: „Ich mag mich selber nicht mehr hören.“ Es kann bedeuten, dass ich mich leer gepredigt habe, oder dass ich zu schnell vom Bibeltext zu meinen Themen komme. Auf jeden Fall ermüdet es, wenn ich so empfinde, denn es beraubt mich der Überraschung. Brauche ich eine berufliche Veränderung? Brauche ich eine andere Sicht auf die Predigt? Diese könnte darin liegen, die Predigt nicht als Vortrag zu verstehen, sondern als ein offenes Kunstwerk. Nach Rudolf Bohren soll es hilfreich sein, andere Predigten zu lesen.

Brauche ich eine gesunde Selbsteinschätzung, damit ich zu meinen Eigenheiten stehen kann? Braucht es andere kreative Ideen, um dieser Ermüdung entgegen zu wirken, wie die Dialogpredigt oder den Bibliolog anstatt der gewohnten Predigt? Es wäre lohnend hier weiter zu denken und Erfahrungen auszutauschen.

7. Sonntag für Sonntag, ein langes Predigerleben

Mit dem in Punkt 6 Genannten kann auch das Folgende eng zusammen hängen. Sonntag für Sonntag, ein langes

Predigerleben, ist diese Vorstellung ein Horror für mich oder eine Herausforderung? An jedem 1. Advent singen wir von neuem: „Macht hoch die Tür..." Das wird nicht immer als freudiger Auftakt zum neuen Kirchenjahr gesungen, sondern auch unter dem Seufzer: "Ach schon wieder!" Ich denke, wenn ein älterer Prediger dies als ermüdend wahrnimmt, hat es andere Ursachen als die zeitliche Abfolge des Sonntag für Sonntag. Es kann auch schlicht ein Verlust von körperlicher Kraft oder von nachlassender Stimmgewalt sein. Es könnte auch das in Punkt 8 Genannte zutreffen.

Von älteren Predigern höre ich aber oft das Gegenteil und das erhoffe ich auch für mich selbst, dass die Entdeckerfreude alles Lähmende überwiegt. Darum möchte ich hier Martin Nicol zitieren: „Die Worte, Bilder und Geschichten der Bibel lieben heißt, sich von ihnen etwas erwarten für das Leben. Etwas, das es ohne dieses Wort, dieses Bild, diese Geschichte nicht gäbe. Etwas Unverwechselbares. Etwas, das bereichert, fasziniert, beglückt, mitunter ärgert. ... Jedes mal ist das Stück neu – aber es muss immer das Stück sein."[16]

Wenn ich diese Sätze auf einen längeren Predigtdienst übertrage, dann gilt es viel zu entdecken, zum einen weil

---

[16] Nicol S. 75–76

man sich selbst verändert, zum anderen weil das immer gleiche Stück – gemeint sind die Worte, Bilder und Geschichten der Bibel – nie zu Ende gepredigt ist und weil die Predigerin nicht die Inspiration aus sich allein schöpft, sondern sie ihr aus der Bibel selbst entgegen kommt. Aber damit wären wir schon bei den Quellen, aus denen sich die Leidenschaft speist.

8. Die Predigt bleibt ohne Resonanz

Ich habe Erzählungen von Predigern im Ohr, die es ermüdend empfinden, dass ihre Predigt scheinbar ohne Resonanz bleibt. In der Hinsicht, dass die Gemeinde geistlich nicht wächst, dass die Gemeinde auch quantitativ klein bleibt, noch schlimmer sogar, dass sie schrumpft. Die Gemeindeglieder sind trotz vieler Predigten nicht sprach- und auskunftsfähig in ihrem Glauben. Geht meine Mühe ins Leere? Oder darf ich zumindest ein geistliches Wachstum nur erbitten und nicht erwarten?

Wir erleben es an uns selbst, wie sehr wir, bedingt durch das Hin und Her des Lebens, die Zusage des Evangeliums immer wieder neu brauchen. Es gibt kein „fertig sein" im Glauben. Aber es gibt schon ein Wachsen im Glauben, ein Voranschreiten, eine Heiligung, eine Bewährung. Aber es ist schwer messbar. Wir möchten es mit Zahlen und konkreten Personen belegen, weil auch wir als Prediger von kleinen Erfolgen und Bestätigungen abhängig sind. Anderes wäre gelogen, oder? Es lässt sich so schwer damit trösten, dass das Reich Gottes wie ein kleines Senfkorn ist und dass wir nicht sagen können: „Siehe hier ist es“. Auch müssen wir lernen, dass wir jeder wohl bauen oder pflanzen, aber nur Gott das Wachstum gibt. Im Rückgriff auf Luthers Invokavitpredigten erinnern Andrea Bieler und Hans-Martin Gutmann an die Wirkmächtigkeit des Wortes Gottes, die durch menschliche Kraftanstrengung nicht zum Ziel kommt. „Luther hat in seinen Tischreden häufig davon erzählt, dass er abends in Ruhe mit seinen Freunden beim Bier sitzen kann, weil es das Wort selbst ist, das im „Schwange geht“, das den Glauben schafft und die Neuordnung de(s) kirchlichen Lebens voranbringt.“[17]

Trotz allem klingt aber dem ermüdeten Prediger nun die EKD entgegen mit ihrem im Impulspapier aufgeführten Anspruch, die Zahl der Gottesdienstbesucher, der Taufen und der Trauungen zu erhöhen. Dies wirkt auf den Ermüdeten bedrückend, obwohl es so nicht gemeint ist, aber er hört und liest es nun mal so. Ich spüre, wie wichtig es ist, darüber

[17] Bieler/ Gutmann, S. 209

miteinander zu reden, sich einander zu ermutigen, damit nicht etwa das in Punkt 4 Benannte eintritt.

9. Erwartungsdruck von außen

Wie gehe ich mit dem Erwartungsdruck an mich selbst um, wie geht es mir mit dem tatsächlichen Erwartungsdruck meiner Hörergemeinde?

Ich will gut sein, eine moderne und ansprechende Predigt zu Tage fördern. Die Gemeinde schaut mich mit großen Erwartungen an. Schlimm wäre es, wenn sie nichts erwarten würde. Aber ob sie das erwartet, was ich in sie hinein projiziere? Da sind die Hochkulturellen und die Intellektuellen und da sind die einfachen Leute, ganz unterschiedliche Milieus sitzen unter meiner Kanzel, werde ich ihnen gerecht? Wer kennt diese Fragen nicht?

Ein hoher Erwartungsdruck ermüdet. Hier geht es bewusst um den Erwartungsdruck von außen, in Punkt 10 um den in uns selbst. Es kann auch sein, dass mein eigener Anspruch an die Predigt von Seiten der Gemeinde nicht honoriert wird. Mir hat es als junger Pfarrer geholfen, dass ein Gemeindeglied gleich nach den ersten Wochen auf mich zu kam mit dem Hinweis: „Herr Pfarrer wir verstehen Sie nicht!“ Meine

Predigten waren aus heutiger Sicht theologisch überladen. Mit diesem Feedback wurde aber zugleich das Interesse an meinen Predigten bekundet.

10. Originalität der Predigt als innerer Erwartungsdruck

Gemeint ist hier der eigene Anspruch an die Originalität der Predigt, dass diese als öffentliche Rede immer Neues bringt, immer gut, aktuell und kreativ ist und stets die Lebensrelevanz der Hörer trifft. Dieser Anspruch an sich selbst ist eng mit dem unter Punkt 9 Genannten verknüpft. Er steckt in mir und wird von außen an mich herangetragen.[18]

Predigt kann nur öffentliche Rede sein und muss seiner Öffentlichkeit gerecht werden, muss also das Ganze der Gemeinde im Blick haben sowie die Hörerinnen darüber hinaus. Sie ist keine Ansprache an eine in sich geschlossene Gruppe, sonst würde sie den Öffentlichkeitscharakter evangelischer Predigt verfehlen. Dies bedeutet nun aber nicht, dass sie über die Gemeinde hinweg geht.

Dass sie immer neu, immer gut, immer kreativ sein muss, ist ein Anspruchsdenken, das ihr nicht ureigen ist, sondern das wir Predigerinnen und Hörer in sie hinein projizieren. Man

[18] Bieler/Gutmann S. 164

muss ja nicht gleich mit seiner Predigt den Predigtpreis der deutschen Wirtschaft gewinnen wollen – interessant ist, dass es dies gibt. Das immer Neue, Gute und Kreative ist auch nicht machbar, es hängt oft von der Rezeptionsästhetik des Hörers ab. Die Predigt kann auch nicht immer die Lebensrelevanz des Hörers treffen, betont Plüss zu Recht gegen Lange.[19]

Ein solches Anspruchsdenken kann nur ermüden, denn es wird der Predigerin zum knechtenden Gesetz und verkennt die Eigendynamik der Predigt. Dass diese zum Ziel kommt, also den Hörerinnen Räume erschließt, dass das Wort Gottes sich in der Predigt ereignet als ein Wort, das Menschen bewegt, all dies ist nicht machbar. Martin Nicol betont mit seinem gelungenen Leitsatz: „Einander ins Bild setzen“, – eben in die Worte, Bilder und Geschichten der Bibel –, dass dies die Predigerin aus so manchen Krämpfen und von der Nötigung zum Schautanzen auf der Kanzel befreit. Es geht nicht um unsere Originalität. „Es geht um das „Stück“. Dieses ist zu inszenieren. Darauf sind gespannt, die zur Predigt kommen.“[20] Was nicht heißen soll, dass die handwerkliche Ebene vernachlässigt wird. Ein gewisses Maß an Qualitätsanspruch muss ich als Prediger haben. Dieser

---

[19] Plüss, S. 26
[20] Nicol/Deeg S.183

muss ein mich fordernder Reiz und mein professioneller Ergeiz sein. Deswegen kann eine Predigt nicht einfach nebenbei gemacht werden.

Die beschriebenen lähmenden Faktoren gehen auf eigenes Erleben zurück und sind Wahrnehmungen im Hören und Begleiten der Pfarrerschaft. Ich erhebe damit nicht den Anspruch alles benannt zu haben und maße mir nicht an diese Sicht anderen aufzudrängen. Allerdings das wie auch immer Ermüdende in den Blick zu bekommen, darin sprachfähig zu werden und sich deswegen auch einer Begleitung zu öffnen, halte ich für wichtig. Gerade weil wir pfarramtlich Mitarbeitenden besonders im ländlichen Raum zum Einzelkämpfertum neigen, braucht es hier Spürsinn für das eigene Erleben und umso mehr den Wunsch nach Begleitung und Austausch. Wo ist unser Korrektiv, von dem wir ein förderliches Feedback bekommen, fragte neulich jemand im Konvent.

Das hier Beschriebene möge zum Weiterdenken anregen und die kurz angedeuteten Gedanken für Veränderungen mögen das Gespräch unter uns beflügeln.

IV. Quellen für eine Leidenschaft zur Predigt

Wie bereits oben erwähnt, ist eine gewisse Leidenschaft für die Predigt ein kostbares Gut. Leidenschaft ist nicht abrufbar, genauso wie die Begeisterung für eine Sache. Sie muss sich aus Quellen immer wieder neu speisen. Diesen möchte ich nachspüren.

Ich verwende bewusst den Begriff Leidenschaft und nicht den Begriff Begeisterung, weil bekanntlich die Leidenschaft eine Eigenschaft ist, die Leiden schafft. Unter dem ist die Predigt nicht zu haben. Die Predigt fliegt mir nicht zu. Ausnahmen bestätigen die Regel. Ich selbst erlebe sie oft unter „Geburtswehen" und es ist jedes Mal ein befeiendes Geschenk, für das ich sehr dankbar bin, wenn die Gedanken endlich auf das Papier fließen. Damit bekenne ich mich zugleich ausdrücklich zu denen, die ihre Predigt ganz bewusst Wort für Wort ausformulieren. Es gehört neben der Performance für mich zu den glücklichen Momenten, wo sich in mir ein Gedankenstrom entwickelt. Ich kenne sehr wohl auch das Gegenteil.

Nun zu den Quellen. Diese sollen entdeckt, gehegt und gepflegt werden.

1. Quelle der Spiritualität

Rede ich hier von einer Selbstverständlichkeit, die wie exegetisches Grundwissen zu den Selbstverständlichkeiten zählt, aus denen sich die Predigt bzw. die Leidenschaft zu ihr speist?

Spiritualität ist keine Selbstverständlichkeit, man besitzt sie auch nicht, ich muss mich in sie einüben. Unter diesem Begriff tut sich sogleich eine weite Welt auf, jeder denkt sich das Seine. Darum will ich den Begriff in aller Kürze für mich einschränken. Ich meine schlichtweg damit, dass das Gespräch mit Gott, das Gebet, das Lesen und Hören der Bibel und die Gemeinschaft im Gottesdienst zu lebensbegleitenden Grundlagen gehören. Wenn sie mir fehlen, oder ich sie vernachlässige, spüre ich ein Defizit. Sie prägen mich, orientieren mich und führen zu dem Bedürfnis, von dieser Begegnung mit Gott weiter sagen zu wollen. Damit wird die eigene Spiritualität zur Quelle für die Predigt. Ein Bedürfnis tut sich auf, eine Leidenschaft wird wach.

Die Apostel bekennen von sich: „Wir können's ja nicht lassen, von dem zu reden, was wir gesehen und gehört haben." (Apostelgeschichte 4,20). Hier drängt ein Inneres nach außen. Paulus bekennt von sich: „Denn dass ich das Evangelium predige, dessen darf ich mich nicht rühmen;

denn ich muss es tun. Und wehe mir, wenn ich das Evangelium nicht predige!“ (1. Korinther 9,16) Mit dem „Predigen müssen“ meint Paulus einen inneren Zwang (s. griechischer Urtext), also nicht einen Lehrauftrag oder dergleichen, der ihn treibt. Auch hier scheint mir, ein Inneres nach außen zu drängen. Die Begegnung mit Gott drängt zur Artikulation, zur Sprache, zum Weitersagen. Die Begegnung mit Gott kommt zum Ziel, wenn sich der Mund des Menschen auf tut zum Lob, zum Dank und zum Erzählen von Gott. Hier muss nicht künstlich etwas produziert werden, sondern hier drängt etwas nach außen, schafft sich Raum, schafft Sprache. Ich würde sagen, Gott selbst schafft sich diesen Raum, der wiederum zum Begegnungsraum mit Gott für andere wird. Gott kommt durch Menschen zur Welt, um Menschen zu sich einzuladen.

In diesem Horizont steht für mich die Predigt, darum ist sie für mich – wie Eingangs als Grundvoraussetzung genannt – ein geistliches Geschehen und vollzieht sich in dem dynamischen Feld von Gott, der Predigerin und dem Hörer. „Das Predigtwort wirkt in dieser Weise analog zum Schöpfungswort Gottes, ja es wird selbst geradezu zum schöpferischen Wort, durch das Gott alles wirkt.“[21] Gott schafft sich Raum, er öffnet den Raum der Begegnung mit

[21] Bieler/ Gutmann, S. 208

ihm in der Predigt. Er ermöglicht das Ereignis der Begegnung mit ihm. Sein Wort kommt nicht leer zurück. Sein Wort im Menschenwort der Predigt, dass das „Ich“ des Predigers nicht ausschaltet, entfaltet seine Wirkung. Darauf möchte ich vertrauen, wohl in dem Bewusstsein, dass es durch mich nicht zu bewirken ist, sondern dass er es schenkt. Darauf möchte ich mit Luther am Vorabend der Predigt mit einem Bier anstoßen.

Auch das ist ein Ausdruck von Spiritualität für mich. In jeder Predigt immer von neuem darauf zu vertrauen, dass er sich den Raum schafft, dass er Begegnungsräume eröffnet, dass er zum Ziel kommt. Im Übrigen möchte ich auch als Hörer dies mir selbst sagen, dass ich in jeder Predigt, die ich höre, wie im ganzen Gottesdienst generell, erhoffe, dass mir Gott begegnet. Dass dies hier und da geschieht, können wir alle sagen. Oft geschieht es ganz anders, als wir es erwartet hätten, also an unserem Eindruck oder unserer Intention der Predigt völlig vorbei.

Im Feedback auf vergangene Gottesdienste sagte mir ein Kirchenältester, dass ihn die Predigt am Karfreitag sehr berührt hat. Was für ein Geschenk, dachte ich. Ich erinnere mich an einen Heiligabendgottesdienst in der mit über 500 Besuchern voll besetzten Klosterkirche zu Lehnin. Während der Predigt herrschte eine für mich beeindruckende Stille im

Kirchenraum, kein Husten, kein Getuschel, kein Rascheln. Was für ein Geschenk. Die Beispiele zeigen, dass wir es nicht machen können, aber dass Gott wirkt.

Zur Spiritualität gehört für mich die Vergewisserung des Auftrages. Was ermächtigt mich, auf der Kanzel zu stehen und die Botschaft der freien Gnade Gottes an alles Volk öffentlich aus zu richten. Nicht meine eigene Begabung und Ausbildung berechtigt mich dazu, sondern wie im Abschnitt III. 4 genannt, meine Ordination und Beauftragung durch die Gemeinde und, so würde ich hier ergänzen, zusätzlich eine persönliche Berufung. Diese mag in Zweifel fallen, dann gilt es den Blick auf die Ordinationsurkunde zu heften, durch die Gott meine Berufung formal bestätigt hat. Allein betrachtet wäre sie nur ein Stück Papier, doch es fällt bestenfalls beides zusammen – die innere und äußere Berufung zum Predigtdienst. Das gilt als ein äußerer Haltepunkt. Zu dem kommt das sich wieder und wieder „Innere-Festmachen" an Gott auf dem Weg zur Kanzel. D. Plüss unterstreicht dies nach seiner Feststellung, dass das Auftragsverhältnis des Predigers von einem Anderen, also von Gott, her autorisiert ist und sagt folgenden Satz im Rückgriff auf F. Steffensky: „Dies drückt sich in der Verkündigung dadurch aus, dass die Verkündigende nicht anders kann, als ihren Mund zu voll zu nehmen, mehr zu sagen und es anders zu sagen, als sie es als Privatperson ehrlicherweise sagen könnte."[22]

Wilfried Engemann schreibt in seinem homiletischen Lehrbuch davon, dass die Predigt ein sich fortsetzendes Heilshandeln Gottes ist. „Die Predigt ist Teil eines Prozesses, in dem an einer entscheidenden Stelle Jesus mit seinem Auftreten und Handeln, mit seiner Botschaft ... durch seinen Tod und seine Auferstehung Menschen ... auf ... das Reich Gottes, angesprochen, ja mehr noch, in jene Welt verrückt hat ... Die Ursache der Predigt muss also – anders als ein je konkretes Predigtziel – nicht jeden Sonntag neu ermittelt werden. Im Gegenteil: sie ist eine wesentliche Voraussetzung sonntäglicher Verkündigung."[23]

Ich denke, dass uns diese Auftragsvergewisserung als Prediger gut tut und dass unser Auftrag wesentlich mit unserer Spiritualität korrespondiert. Ich bin deswegen hier so ausführlich, weil ich meine, hier eine wichtige Grundlage für unseren Predigtdienst zu beschreiben.

Diese Quelle resümierend möchte ich Rudolf Bohren zu Worte kommen lassen. Er spricht gemäß seinem pneumatologischen Ansatz in seiner Homiletik von der

---

[22] Plüss, S. 189
[23] Engemann, S. 82-83

theonomen Reziprozität.[24] Vereinfacht gesagt meint dieser Gedanke, dass der Heilige Geist mich als Prediger in den Dienst nimmt, mich „...ans Werk setzt...“[25] Nicht ich stelle mich auf die Kanzel und predige, weil es so schön ist, sondern weil der Geist Gottes mich in den Dienst nimmt. Da klingt wieder etwas an von dem oben Gesagten, dass das Innere nach außen drängt. Wobei Bohren im Gefolge der dialektischen Theologie das „Ich“ des Predigers m. E. zum reinen Sprachrohr degradiert. Ich glaube nicht, dass Gott dies in seinem zur Welt kommen nötig hätte, die Predigerin nur als bloßes Objekt zu nutzen.

2. Quelle der Theologie

Ich wäre nicht mit Leib und Seele Theologe, wenn nicht auch die Theologie mich zur Predigt reizen und somit meine Leidenschaft beflügeln würde. Das gelernte Fachwissen, welches wiederkäuend und durch Weiterbildung anwächst, muss sich Raum schaffen, drängt nach außen, möchte sich artikulieren. Ich spüre die Schönheit der Theologie, die in jeder Predigtvorbereitung in mir anklingt. Es macht einfach Spaß, im Bilde gesprochen, theologisch um diese und jene

[24] Bohren, S. 76
[25] A.a.O, S. 76

Ecke zu denken. Das Bibelwort in Bezug zu den Bekenntnissen, die Gemeindesituation vor dem Hintergrund der Dogmatik und der Kirchengeschichte u. a. aufleuchten zu lassen. Es ist bereichernd, wie die Exegese und die nicht in Abrede stehende historisch-kritische Methode helfen den Textraum zu öffnen. Wunderbar haben A. Bieler und H. Gutmann in ihrem Buch die „Rechtfertigung der Überflüssigen" für mich neu die Rechtfertigungslehre für die Homiletik fruchtbar gemacht und mir das Neue Testament aus dem Blick der Armen vor Augen geführt. „Es geht um die Predigt, in der Rechtfertigung geschieht."[26]

Die Theologie läuft allerdings im Hintergrund mit. „Die fachliche Qualifikation für das Predigtamt ist also eine von der Gemeinde zu recht erwartete und ihr vom Prediger geschuldete Kompetenz."[27] Die Predigerin sei aber davor gewarnt, das „publice docere" der Reformation gemeinhin als einen Lehrvortrag auf der Kanzel zu verstehen. „Herr Pfarrer wir verstehen sie nicht!" Dem jungen Theologen wurde dies zum Glück und zu recht gesagt. Wir dozieren nicht über einen Bibeltext, sondern wir haben Begegnungsräume zu eröffnen. Nicht die im Studium gelernte Theorie: Von der Exegese zum Skopus und diesen in explicatio und applicatio

---

[26] Bieler/ Gutmann, S. 17
[27] Engemann, S. 161

dann entfaltet, möglichst im drei Punkteschritt ist Predigt, dies wäre der Lehrvortrag im alten Stil. Es geht nicht um Erklärung, die ich als Fachmann, als Fachfrau der ungebildeten Gemeinde gegenüber zu leisten hätte, sondern um die Eröffnung von biblischen Begegnungsräumen. Mich hat in diesem Studiensemester diese für mich neue Sicht der Dinge bewegt. Nicht dass ich mich bisher als Herr über den Text und als Fachmann auf der Kanzel verstanden hätte, aber die theoretische Grundlage zur gegenteiligen Sicht war mir nicht so präsent.

Recht verstanden ist also die Theologie unbedingt notwendig für die Predigtarbeit und es macht Spaß, aus ihr zu schöpfen, diese Leidenschaft wird hoffentlich in jedem Prediger geweckt. Aber es geht in der Predigt nicht primär um dogmatische Richtigkeiten, diese laufen im Hintergrund mit, es geht nicht um den theologischen Lehrvortrag. Wieder ist die rechte Balance gefragt, die von der Schönheit und Freude an der Theologie weiß und schöpft. Und die zugleich für die Predigt justierende Funktionen hat aber, im Bilde gesprochen, die zweite Geige spielt. Als justierende Funktion ist sie unbedingt wichtig. Ich denke, dass wir hin und wieder in der Gefahr stehen, den biblischen Text und die evangelische Lehre an die Hörerinnen anzupassen. Nicht aus dem Wunsch ihnen zu gefallen, sondern um sie mit dem Evangelium zu erreichen. Hier muss uns die Theologie immer wieder justieren. So erinnert Paulus: „Predige ich denn jetzt Menschen oder Gott zu liebe? Oder suche ich Menschen gefällig zu sein? Wenn ich noch Menschen gefällig wäre, so wäre ich Christi Knecht nicht.“ (Galaterbrief 1,10)

3. Quelle der Bibel

Hier treffen wir auf eine sprudelnde, unerschöpfliche Quelle. Nicht in ein Buch zwischen zwei Deckeln, sondern in die Fülle der wunderbaren Geschichten der Gottesgeschichte in Menschengeschichte treten wir ein. Diese Formulierung auf Albrecht Grözinger zurückgehend finde ich so faszinierend, dass ich sie hier gern voran stelle.[28] Selbstverständlich ist damit die Bibel nicht zu fassen, aber einer von vielen reizvollen Aspekten eröffnet. Zugleich wird mir damit zweierlei deutlich. Gottesgeschichte in Menschengeschichte beschreibt den Weg Gottes hin zu uns. Diese Bewegung atmet die Bibel durch und durch. Zum anderen sehe ich in dieser Formulierung, dass das in der Bibel Erzählte eben gerade nicht an uns Menschen vorbei geht, sondern uns zutiefst betrifft, es geht um uns, um unsere Geschichte, in diese hat sich Gott begeben, hinein verwoben, ohne in ihr

---

[28] Grözinger, S. 116–122

aufzugehen. Er bleibt der Andere, uns und der Welt gegenüber und doch mitten drin. Dies findet seinen tiefsten Ausdruck in der Geburt Jesu. Gottes Inkarnation in unsere Welt und unsere Geschichte, in unser Leben, in die Armut dieser Welt, die will er teilen.

Somit schließt sich für mich ein zweiter Aspekt an, der mir in diesem Studiensemester klar geworden ist und mich fasziniert. Ich meine die Bewegung im biblischen Text neu wahrzunehmen. Inspiriert von der „neuen Homiletik" in den USA greift M. Nicol den Film für seine Homiletik auf.[29] Nicht nur um damit den heutigen Seh- und Hörgewohnheiten der Hörer gerecht zu werden, sondern um uns m. E. damit auch die Bewegung des biblischen Wortes neu zu eröffnen.

In der Betrachtung eines Bibeltextes habe ich nicht bloß einen in Schriftform erstarrten historischen Text vor mir, sondern blicke in eine Bewegung. Die Hinwendung Gottes zu den Menschen hat Menschen in Bewegung versetzt. Von dieser Bewegung wurde zunächst mündlich, z. B. als Glaubenserfahrung erzählt, dann wurde sie verschriftlicht, deren Verarbeitung wir mit den Hilfsmitteln der historisch kritischen Methode nachspüren können. Es handelt sich im Bilde gesprochen mit der Verschriftlichung um die

[29] Nicol, S. 36

Wiedergabe eines lebendigen Geschehens in einem anderen Medium.[30]

Eine Bewegung ist damit festgehalten – nicht wie in einem Standbild in einer Momentaufnahme fixiert, denn das biblische Geschehen ist ja geschehen – nun drängt es aber wieder zur Bewegung, um gleiches Geschehen erneut geschehen zu lassen. Durch die Performance der Predigt wird diese Bewegung wieder ausgelöst, das festgehaltene biblische Geschehen wirkt weiter, drängt zum Leben. Die Predigt eröffnet diese Bewegung für die Hörerin, die sie rezeptionsästhetisch aufnimmt und weiterbewegt. Gottes Wort in biblischer Geschichte bewegt sich weiter, ist eben nicht starrer historischer Text aus vergangener Zeit, drängt auf Bewegung, bewegt Menschen, ist also lebendig, drängt zur Predigt. Die Bibel muss weiter erzählt werden wie ein Fluss, der nicht angestaut werden kann. Gott drängt zum Menschen. Von dieser Dynamik atmet die Bibel. Damit habe ich einen ganz neuen Blick auf die Bibel gewonnen. Eine in sich bewegte und zugleich bewegende Sprache. Eine Quelle, die Lust macht darauf tiefer einzutauchen.

"Lust auf die Bibel, Leselust – vielleicht ist das eine der wichtigsten Vorrausetzungen für eine anregende Predigt." Es

---

[30] Plüss in Auseinandersetzung mit Nicol, S. 231

gilt zu entdecken „...die sprachliche Schönheit der Worte, Bilder und Geschichten der Bibel, die Musikalität und Poesie biblischer Dichtung, die beeindruckend unaufdringliche Schlichtheit ihrer Erzählungen, die fesselnde Dramaturgie ihrer Visionen, die Kühnheit ihrer Metaphern ...", so formulieren Nicol und Deeg mit spürbar innerer Begeisterung, die ich teile und deswegen hier zitiere, in ihrem Werkbuch.[31] Dass ich als Prediger in diese Bewegung eintauchen darf, selbst bewegt werde, an der Bewegung mitwirken darf, den Fluss dieser Bewegung an anderen, an dem Hörer, wahrnehmen kann, ist großartig. Die Bibel steht nicht „... im Präteritum historischer Dokumente, sondern im Präsens der Gegenwart dessen, von dem die Texte reden."[32] Somit bietet mir die Bibel die Möglichkeit, Gott zu begegnen, der zu mir unterwegs ist. Damit ist sie eine Quelle der Spiritualität.

Zugleich ist damit auch die Normativität des Bibeltextes begründet. Die Predigt ist nicht beliebig, sie ist Text bezogen, auch die Hörerrezeption ist nicht der Beliebigkeit anheim gestellt, sondern auf den Text bezogen. Predigt ist biblische Rede in heutiger Zeit, vermittelt durch die Subjektivität des Predigers, der sich mit seiner Kreativität und subjektiven Weltwahrnehmung bemüht die Bibel und die Lebenswirk-

---

[31] Nicol/ Deeg, S. 71
[32] A.a.O, S. 175

lichkeit der Menschen heute zusammen zu sprechen.[33] „Die Bibel ist die Basis der evangelischen Predigt..."[34] Als Christen wissen wir um das Geschenk unseres Lebens und dass ich mir das wirklich Wichtige im Leben nicht selbst beschaffen kann. „Davon erzählt, das verheißt und fordert die Bibel als Großerzählung, in immer neuen Textgestalten und Erzählweisen."[35] Damit schließt sich der Kreis zur eingangs zitierten Formulierung von der Gottesgeschichte in Menschengeschichte.

4. Quelle der sprachschöpferischen Kreativität

Lust auf Predigt hat mit der Lust auf Sprache zu tun. Sein wie ein Dichter, der Lektüre schafft, der sprachschöpferisch tätig ist, der Wirklichkeit mittels Sprache beschreibt, festhält, ja sogar kreativ entstehen und für andere sichtbar werden lässt. Das Predigen hat etwas Vergleichbares. Das Spiel mit den Worten, Sätzen, Bildern und Geschichten hat seinen Reiz.

Ich finde es toll, wenn Prediger dies in sich entdecken, diese Lust an der Sprache haben. Wenn sie positiv zu ihrer

---

[33] Bieler/Gutmann, S. 141
[34] A. a. O., S. 144
[35] A. a. O. ,S. 144

sprachschöpferischen Kreativität stehen. Ich sehe darin auch eine Wirkung der Bibel auf die Predigerin, die sich von ihrer Poesie anstecken lässt, deren Sprachschatz von der Bibel geprägt und inspiriert ist. So hat die Leselust der Bibel ihre sprachschöpferische Rückwirkung auf den Prediger. Natürlich ist das auch ein Hörgenuss.

Zugleich deuten sich hier Gefahren und Grenzen an. Die Verliebtheit in die eigene Sprache und Sprache schöpfende Kreativität kann zur Selbstdarstellung führen. Und manchmal merkt der Prediger noch nicht mal in dieser Verliebtheit seine mannigfaltigen Sprachwiederholungen, oder er verliert sich in eine poetische und hoch intellektuelle Sprache, der der Hörer nicht folgen kann. Doch die Gefahren sollen hier nicht vorschnell die Kreativität und die Eigenheit der Predigerin ersticken. Denn diese ist wohl nötig gerade am Sonntag im Gottesdienst, in dem der Alltag unterbrochen wird. Die Sprache der Arbeitswelt, die Formel- und Zwecksprache familiärer und anderer Kommunikation, die Erfolg heischenden Werbeslogans, die oft platte Sprache der Straße oder die seichte der Medien brauchen eine Unterbrechung, brauchen die Schönheit, die Klarheit, die Zweckfreiheit der gottesdienstlichen Sprache, in der uns Gott begegnet. Das ist keine künstliche Sprache, aber eine Sprache anderer Qualität. Ich kann nicht kumpelhaft oder in leicht säuselndem Ton eine platte Sprache auf der Kanzel sprechen, in dem vermutlich krampfhaften Versuch gut anzukommen. Die Sprache muss dem Gottesdienst angemessen sein. Form und Inhalt müssen übereinstimmend sein. Aber darin sehe ich keine Mahnung sondern einen Reiz. Dieser weckt in mir eine Leidenschaft zur Schönheit der Sprache, zur Formung von Sprache. Diese wird auch von mir erwartet und wird mir abgenommen, weil sie als stimmig empfunden wird für die erspürte besondere Situation des Gottesdienstes. Der Alltag wird nicht sprachlich in den Gottesdienst geholt, sondern gerade durch seine Unterbrechung thematisiert.

Nun ist Predigt keine Dichtung und keine Literatur an sich, sondern eine eigene Gattung, denn sie ist nicht Schriftsprache sondern mündliche Kommunikation. „Predigt ist gestaltete Bewegung“[36], von Gott ausgelöste Bewegung, in der wir sprachschöpferisch tätig werden. Wir bringen unsere Sprache, mit ihrer Eigenheit und Prägung, mit der Sprache der Bibel zusammen. Wir verschränken unsere Geschichten mit den Geschichten der Bibel. „Der biblische Text gerät mit dem eigenen Text der Predigerin ins Wechselspiel. Im Wechselschritt von Bibelwort & Kanzelsprache entwickelt sich das Sprachkunstwerk Predigt.“[37]

[36] Nicol, S. 119
[37] Nicol /Deeg , S. 14

Von der oben genannten Normativität der Bibel für die Predigt ergibt sich, dass wir nicht über die Bibel reden – nicht metascriptural sondern scriptural[38] – hingegen mit der Bibel. Somit wird auch nicht nur inhaltlich sondern auch sprachlich der Schatz der Bibel aufgenommen und zum Klingen gebracht. Dem Einwand, die Texte und Sprache der Bibel können heute nicht mehr als bekannt vorausgesetzt werden, ist zu entgegnen, dass eine völlig andere Sprache wie die der Bibel und der christlichen Tradition nun auch nicht die Bibel dem heutigen Menschen näher bringt. Dies geschieht wohl mehr durch eine lebensrelevante Verkündigung und durch das Hineinsprechen der biblischen Sprache, Worte, Bilder und Geschichten in das Leben der Menschen, also genau dorthin, wohin die Bewegung der Bibel zielt. Das beste Beispiel ist die verdichtete Sprache der Gleichnisse Jesu. Sie zeugen von der nicht sichtbaren anderen Wirklichkeit des Reiches Gottes mitten in der Alltagswelt der Menschen. Sie machen als geformte Sprachbilder eine andere Wirklichkeit sichtbar.

„Ohne die Worte, Bilder und Geschichten der Bibel sehe ich dies und das, viel Religion und noch mehr Kultur, aber nicht die Weltwirklichkeit Gottes. Wir brauchen die fremden Texte der Bibel. Sie sind Gottes eigene Sehhilfe für sein Wirken in

---

[38] Deeg in seinem Aufsatz: Spiritualität und Metaskripturalität

der Welt."[39] Predigt als eigene Gattung ist eine Kunst eigener Gattung. Kunst will etwas darstellen, zur Aufführung bringen, Aufmerksamkeit erregen, will anregen zur eigenen Sicht, Vertiefung und Gestaltung. Kunst setzt in Bewegung, fordert mich. Dabei ist sie in ihren Mitteln nicht sparsam, das Gegenteil bestätigt die Regel. Das will auch die Predigt, die als offenes Kunstwerk mich als Hörer eben nicht vor ein abgeschlossenes, fertiges, ein in allem erklärtes Bild setzt.

Der Prediger ist in seiner ihm eigenen Kreativität gefragt. Dazu gehört die sprachschöpferische Kreativität. Was für ein Anreiz, durch den sich Leidenschaft zur Predigt entwickelt!

5. Quelle der Performance

Das Wort der Bibel drängt zur Aufführung. Gottesgeschichte in Menschengeschichte will weiter erzählt, will erneut zur Sprache gebracht werden, will inszeniert werden, will Ereignis werden, damit es sich wieder und wieder entfalten kann, sich Gehör verschafft, sein Geschehen geschehen lässt. Über Trost reden ist das eine, wichtiger aber ist, dass Trost geschieht. Die theologische Formel der Rechtfertigung ist wichtig, noch wichtiger aber ist, dass in der Predigt

[39] Nicol/ Deeg, S. 18–19

Rechtfertigung geschieht. Natürlich immer in dem Wissen, das wir es nicht bewirken können trotz allem handwerklichen Vermögen. Das Ereignis zu dem die Performance hinführt, ist nicht verfügbar.

Die situationsbezogene Interpretation des Textes auf der Kanzel meint seine Aufführung (performance) mit dem Ziel, dass das Ereignis, von dem der Text spricht, sich neu ereignet.[40] Plüss spricht hier[41], um jedem Verdacht der Machbarkeit des Ereignisses entgegen zu wirken, von der Inszenierung des Bibelwortes, und hebt dabei das handwerkliche Können des Predigers hervor. Beide Begriffe, die in den neueren homiletischen Ansätzen auftauchen und sich m. E. nur um Nuancen unterscheiden, lösen sofort in uns einen negativen Klang aus.[42]

Wie kann die Predigt eines Bibelwortes eine Aufführung oder eine Inszenierung sein? Wird jetzt in der Kirche Theater gespielt? Inszenierung klingt nach Künstlichkeit, hier wird mir etwas vorgemacht, mehr Schein als Sein.[43]

Nein, der Gottesdienst ist sozusagen der Ernstfall, hier wird wirklich gebetet und das Wort Gottes weitergesagt, hier geschieht Gottesbegegnung. Im analytischen Sinn wird der

---

[40] Nicol, S. 59
[41] Plüss, S. 164
[42] A. a. O., S. 155
[43] a. a. O., S. 15

Begriff Inszenierung hier also gebraucht.[44] Die Bewegung des Bibeltextes wird in Szene gesetzt, damit eine neue Bewegung ausgelöst wird. Dabei ist vorausgesetzt, dass wir dem biblischen Wort diese ihm innewohnende Dynamik, bzw. dem Heiligen Geist diese Dynamik zutrauen. Wir verstehen darum den Bibeltext eben nicht als einen rein historischen Text, sondern als einen Textraum, in dem der dort zu Verkündigende selbst präsent ist. Wenn ich das tue, dann muss ich zum einen vom offenen Text sprechen, in den ich als Prediger andere hineinhole, den ich nicht abschließend interpretiere und erkläre wie in einem Lehrvortrag. Ich muss ihn zum Klingen bringen. Wie ein Musikstück, das den Hörerinnen durch die Interpretation der Musikerin aufgeführt wird. Es gilt die Facetten und Räume des Textes zu öffnen, Spannungen und die Dramaturgie nicht vorschnell aufzulösen. Zum anderen muss ich dem Predigtgeschehen und dem Text die Geistwirkung glauben. So wird der Text inszeniert, zur Aufführung gebracht, dieses wiederum entspricht der Eigendynamik des biblischen Textes. Also ist die Performance der adäquate Umgang mit dem Text.

Die Bibel und in Folge davon die Predigt drängt zur Performance. Was ist dies im Grunde anderes, als dass ich als Diener am Wort die Bibel selbst zu Worte kommen lasse.

[44] Plüss, S. 15

Ich bin nicht Herr über den Text, sondern glaube dem Herrn der Kirche, dass er durch ihn erneut zur Sprache kommt und sich Gehör verschafft. Damit bin ich bei der klassischen Predigtdefinition der Reformation: „Die Predigt des Wortes Gottes ist Gottes Wort.“[45] Rudolf Bohren, der diesen Satz in den Mittelpunkt rückt, führt für mich sehr inspirierende Gedanken an. Bei der Predigt, die in seinem Namen geschieht, wird Gott selbst gerufen, dass er sich zu Worte meldet. Der erste Hörer der Predigt ist der dreieinige Gott, er wird gerufen, angesprochen, in der Hoffnung, dass er spricht.[46]

Ich kann diesen Gedanken viel abgewinnen. Zielen sie doch darauf, dass in der Predigt sich Gott selbst den Hörern wie dem Prediger mitteilt, dass er in seiner Bewegung zum Menschen zum Ziel kommt. Rudolf Bohren, der für mich ein großer Homiletiklehrer ist, lässt aber für die Subjektivität des Predigers wenig Raum. Auch solche Begrifflichkeiten in den neuen Homiletiken, die Predigt als Aufführung oder Inszenierung zu verstehen, würden ihm wahrscheinlich um der Sache willen befremdlich sein. In der Geschichte der Homiletik befindet er sich damit noch ganz im Gefolge der dialektischen Theologie. Diese hat wie in einem Pendelschlag ins Gegenteil gegenüber der liberalen Theologie die Subjektivität

[45] Bohren, S. 50
[46] A. a. O., S. 454

des Predigers ganz zurück gestellt. Wie kann der Prediger überhaupt von dem ganz Anderen auf der Kanzel reden?

In Folge dieser gegenteiligen Pendelschläge bemühen sich die neuen homiletischen Ansätze beides, also die Hochschätzung des Wortes Gottes und die Subjektivität des Predigers, zusammen zu bringen. Mir ist dies einleuchtend. Ist doch auch das Wort der Bibel eben nicht vom Himmel gefallen oder per Verbalinspiration den Autoren des Alten Testaments und des Neuen Testaments diktiert worden. Sie haben mit ihrer Subjektivität die mündliche Erzähltradition biblischer Geschichten, die ebenfalls subjektiv erlebt und erzählt worden sind, verschriftlicht. Das Wort Gottes gibt es nicht in Reinkultur, sondern durch Menschenherz und Menschenverstand vermittelt. Ich glaube, dies entspricht der Absicht Gottes, seiner Inkarnation in die Welt. Vermutlich ist es ihm lieber, dass sein Wort unter die Räuber fällt, darüber gestritten wird, als dass es in Reinkultur heilig aufbewahrt in einem sicheren Tresor liegt. Wenn ich eine Glaubenserfahrung mache, wie z. B. oben erwähnt die Stille in einem Heiligabendgottesdienst, und diese für mich als religiöse Erfahrung erspüre, interpretiere und erzähle, geschieht dies durch meine subjektive Brille. Wer von dieser Erfahrung hört, nimmt es subjektiv wahr und interpretiert dies wieder in seiner subjektiven Erfahrungswelt.

Wesentlich bei all diesen Überlegungen scheint mir, dass das Wort Gottes und infolge dessen die Predigt zur Aufführung drängt. Diese Aufführung geschieht nicht durch Texterklärung sondern durch Texteröffnung. Die Räume des Textes werden dem Hörer eröffnet. Die Dramaturgie, die Spannungen, die Widersprüche des Textes werden wie begehbare Räume eröffnet. Die Bewegung des Textes wird spürbar. Dies geschieht in situationsgerechter Interpretation durch die Kreativität und Subjektivität der Predigerin. Im Übrigen ist die Predigt m. E. eine so genannte Herzenssache. Der Prediger offenbart etwas von sich. Man gibt sich persönlich zu erkennen oder man versteckt sich hinter Allgemeinheiten und intellektuellen Richtigkeiten. Aber auch damit gibt man etwas von sich zu erkennen. Genau wie ein Musikstück erst zur Musik wird, wenn es erklingt, also aufgeführt wird; dann wird es erlebbar. Eine solche Aufführung geht nicht ohne Interpretation. Der Musiker interpretiert die Noten. Auch eine Lektorin interpretiert die Lesung und der Hörer interpretiert seinerseits. Damit ist das biblische Wort im Fluss. Die Predigerin soll sich dessen bewusst sein, damit sie ihre Subjektivität in der Aufführung nicht beiseite drängt, sondern zu ihr steht und zugleich, indem sie um ihre Subjektivität im positiven Sinne weiß, sich nicht selbst darstellt. Es kommt eben wieder auf die rechte Balance an. Deswegen muss ich als Prediger von der Notwendigkeit der Aufführung des biblischen Wortes wissen und meine subjektiven und kreativen Fähigkeiten einsetzten, um dem zu Worte Kommen des Bibelwortes zu dienen, damit in der Predigt des Wortes Gottes das Wort Gottes geschieht.

6. Quelle der Lebensdienlichkeit

Predigt hat keinen Selbstzweck, sondern sie dient dem zu Worte Kommen Gottes. Sie dient der Glaubensstärkung, somit auch der Lehre. Sie eröffnet Zukunft, ist also stets nach vorn gerichtet. Durch sie geschieht Trost, Ermahnung, Rechtfertigung und Ermutigung. Kurz gesagt, sie dient dem Leben, sie eröffnet Leben. Albrecht Grözinger hat in seiner Homiletik auf die Suche des heutigen Menschen nach Orientierung hingewiesen. „Die Menschen stehen unter den Bedingungen von Pluralisierung, Individualisierung und Globalisierung unter dem Zwang, sich unter erschwerten Bedingungen in ihrem Leben einrichten zu müssen."[47] Er macht deutlich, dass Pluralisierung, Individualisierung und Globalisierung nicht zu verteufeln sind, sondern in Folge der Aufklärung uns viele Freiräume und Errungenschaften erschließen. Zugleich aber schwinden althergebrachte

[47] Grözinger, S. 26

Werte, Normen und Traditionen. Die großen Erzählungen, wie u. a. die Bibel, sind nicht mehr Norm gebend. Die lebensgeschichtliche Identität muss sich jeweils von neuem aufbauen.

Hier sehe ich neben dem bereits Genannten die Lebensdienlichkeit der Predigt aufleuchten. Dass diese dem Leben dient, ist eigentlich selbstverständlich. Es ist aber hilfreich darüber nachzudenken, denn dadurch gewinnt m. E. der Prediger einen weiteren Anreiz für seine Predigt. Ich darf mit meiner Predigt einen Beitrag leisten, um Menschen in ihrer Lebensorientierung zu helfen. Darin sehe ich eine Quelle zur Leidenschaft für die Predigt.

Zugleich mahnt mich dieses Wissen, nun nicht wie ein allwissender Lehrer aufzutreten, sondern mit der Predigt als ein offenes Kunstwerk den Hörerinnen Räume zu eröffnen. Die biblischen Geschichten als Gottes Geschichte in Menschengeschichte werden als Begegnungsräume geöffnet, in denen die Hörer sich einfinden, Orientierung finden und selbst weiterdenken.

Hiermit wird wiederum deutlich, dass die Predigt eine andere Klangfarbe bekommt. Sie dient dem Leben, sie belehrt nicht die Hörerinnen, sie eröffnet für die Zukunft Lebensräume. Was der Geist Gottes und die Hörer in ihrer Rezeption daraus machen, darf mich überraschen. Ich kann und soll gewiss manches intendieren mit meiner Predigt – eine Predigt ohne Intention ist für mich keine Predigt – aber damit habe ich auch genüge getan. Alles Weitere habe ich nicht in der Hand. Das ist entlastend für mich.

Zugleich ist es ermutigend für mich, dass meine Predigt für die Hörerinnen lebensdienlich sein kann, ja sogar als solche erwartet wird. Grözinger fragt: „Warum gehen in unseren Breiten, also im Kontext eines unhintergehbar weltanschaulichen und religiösen Pluralismus, Sonntag für Sonntag Millionen von Menschen in die Kirche, um Gottesdienst zu feiern und eine Predigt zu hören?“[48] Die Predigt ist gefragt. Nicht zur religiösen Untermalung, sondern um ihrer Lebensdienlichkeit willen. “73 % der Befragten einer Umfrage des Magazins „chrismon“ finden eine gute Predigt zu Weihnachten besonders wichtig.“[49] Und der Religionssoziologe Detlef Pollack hebt in seinem Nachdenken über eine mögliche Wiederkehr des Religiösen hervor, dass von der Kirche u. a. ansprechende Gottesdienste erwartet werden.[50] Die Kirche wird also in ihren Kernaufgaben gefragt, darunter ist die Predigt im Gottesdienst und in den Kasualien mit das Wichtigste. Ich denke, das ermutigt uns

---

[48] Grözinger, S. 15
[49] die Kirche, Nr. 49, S. 2
[50] die Kirche, Nr. 49, S. 5

als Prediger und Predigerinnen. Als Diener am Wort können wir im Dienst Gottes in aller Bescheidenheit aber zugleich auch selbstbewusst aus dem Wissen schöpfen, dass wir gern gehört werden. Die Predigt ist „ab to date", nicht obsolet.

Über die Lebensdienlichkeit der Predigt lässt sich über das Gesagte hinaus noch Weiteres anführen. Bieler und Gutmann weisen von ihrem Grundansatz, dass in der Predigt Rechtfertigung geschieht, darauf hin, wie lebensrelevant eine solche Predigt sein kann. Sie befreit Menschen zum einen aus der „Verkrümmungserfahrung" der Schuld, indem sie den menschlichen Konflikt zwischen Intention und Handlung, den Paulus in Römer 7 erörtert („... das Gute, das ich tun will, das tue ich nicht, sondern das Böse, das ich nicht will, das tue ich." s. Vers 19), beim Namen nennt.[51] Diese menschliche Erfahrung von Schuld und Schuldverstrickung darf eben gerade nicht auf der Kanzel verschämt verschwiegen werden, womöglich um Hörer nicht abzuschrecken. Es werden Antworten gesucht, Entlastungen ersehnt und Rechtfertigung erhofft. Die Predigt ist in ihrer Urform Evangeliumszuspruch und verdichtet sich in dem Satz: „Ego te absolvo". Befreiung von dem Zwang der Selbstrechtfertigung ist lebensdienlich, ist Zukunftseröffnung.

---

[51] Bieler/ Gutmann, S. 77

In einer weiteren uns heute umtreibenden Frage ist zum anderen diese Lebensdienlichkeit genauso ersehnt. Habe ich meine menschliche Identität heute in Freiheit selbst zu finden, werde ich gerade durch die hohe Leistungsorientierung in unserer Gesellschaft im Fall des Arbeitsplatzverlustes zutiefst in Krisen gestürzt. Durch die dann fehlende Teilhabe am gesellschaftlichen Leistungs- und Produktionsprozess bin ich außen vor, werde ich zum Almosenempfänger degradiert.[52] Gegen die vorherrschende Meinung, dass Leistung rechtfertigt und dem Menschen einen Sinn gibt, ist das Evangelium von der Rechtfertigung eine Botschaft mit hoher politischer Relevanz und geradezu eine ersehnte Entlastung aus eigener und gesellschaftlicher Knechtung. Wir sind dankbar, dass das Bundesverfassungsgericht in diesen Tagen den klagenden Kirchen, die sich für die Unverbrüchlichkeit der Sonntagsruhe eingesetzt haben, Recht gegeben hat. Der Alltag und die Ökonomisierung des Lebens muss unterbrochen werden. In diesen Zusammenhang gehört die prophetische Dimension der Predigt. „Die Predigt von der Rechtfertigung der Überflüssigen wird darüber hinaus immer wieder den prophetischen Widerspruch zur Geltung kommen lassen, der sich nicht mit den ökonomischen Verhältnissen versöhnt, in denen Profitmaximierung über menschliche

[52] Bieler/ Gutmann, S. 81

Entfaltungs- und Lebensmöglichkeiten gesetzt wird. Sie unterbricht, indem sie herrschende ökonomische Logiken, die die Akkumulation von Kapital und die Profitmaximierung als gottgegebenen, natürlichen Mechanismus stilisieren, widerspricht.“[53]

Zuletzt sei hier ein Gedanke von R. Bohren[54] und in ähnlicher Weise von Bieler und Gutmann aufgenommen. Gottesdienst und Predigt sollten davon ausgehen, den Menschen aus dem Blick Gottes zu sehen. Aus dieser Sicht ist er das gerechtfertigte und geliebte Kind Gottes, dem alle Verheißungen Gottes gelten. Im Licht dieser Verheißungen ist der Mensch mehr als die Summe seiner Taten und Untaten, mehr als die Faktizität seiner Lebenssituation.[55] Die Predigt „...besteht gerade darin, das Vorfindliche auf ein Anderes, Befreiendes, Zukünftiges hin zu öffnen und offen zu halten. Wenn konkrete Situationen aus der Lebenswelt der Zuhörenden aufgenommen werden, dann um sie ins Licht der Verheißung zu rücken.“[56] Predigten, die das beherzigen, sprechen eine andere Sprache. Sie dienen dem Leben und eröffnen Zukunft. Als Prediger daran teilhaben zu dürfen, erweckt in mir die Leidenschaft zur Predigt.

---

[53] A. a. O., S. 95–96
[54] Bohren, S. 467
[55] Bieler/ Gutmann, S. 117
[56] Plüss, S. 189

7. Quelle der Dankbarkeit

Ich darf predigen. Ich darf von der großartigen Bewegung Gottes auf uns zu weiter sagen. Ich bin selbst durch die Verkündigung des Wortes Gottes in meinem Leben angesprochen worden. All' dies macht mich dankbar. Die Predigt speist sich somit auch aus einer persönlichen Dankbarkeit über die mich erreichten Wirkungen der Predigt. Darum täte es uns Predigern gut, immer wieder mal selbst unter einer Kanzel zu sitzen. Die Predigt speist sich ebenso aus der Dankbarkeit, an der großartigen Bewegung Gottes mitarbeiten zu können. Die Predigt speist sich auch aus der Dankbarkeit der Hörer und Hörerinnen. Auch wenn diese nicht immer expressis verbis ausgedrückt wird. So mancher Dank wird auf Seiten des Predigers als nichts sagende Freundlichkeit an der Kirchentür deklassiert. Natürlich ist dies nicht das Feedback, das uns Predigern im Guten wie im Schlechten nötig täte. Aber es gibt den ehrlichen Dank an der Kirchentür. Es gibt den dankbaren Blick, der sich allein schon in der Aufmerksamkeit des Zuhörens gegenüber der Predigerin äußert.

8. Quelle des Lobpreises

Der Dank führt zum Lobpreis. Predigt geschieht in Dankbarkeit Gott gegenüber und geschieht damit auch zum Lob Gottes. Gott loben, das ist unser Amt, ebenso die Hörer und Hörerinnen in diese Bewegung auf Gott hin mitzunehmen.

Die Doxologie ist wie ein inneres Überfließen. Wir treffen es bei so manchen Bibelworten an. Zum Beispiel finden wir dies in den Psalmen, in denen der Beter so manches Dunkel durchschreitet, mit Gott ringt und am Ende Gott loben kann. Es gibt diese Momente in der Predigt, in denen ein Reflektieren oder ein Bezeugen in eine Doxologie übergeht. Das ist zwar nicht gezielt erzeugbar, aber es geschieht zu weilen. Und es gibt das Bedürfnis des Predigers, mit seiner Predigt Gott zu loben und die Gemeinde in dieses Lob mitzunehmen. Es kann sehr wohl zu einer Quelle werden, aus der sich die Leidenschaft für die Predigt speist.

9. Quelle des künstlerischen Spiels

Es geht hier nicht um eine Verniedlichung der Predigtarbeit, das widerspräche ganz meinem Ansatz, dass Leidenschaft für die Predigt nötig ist. Ich meine hier vielmehr die Entdeckung einer gewissen Leichtigkeit. Das Spielen mit den

Worten, Bildern und Texten. Warum nicht? Der Prediger, der von der Dankbarkeit und dem Lob her kommt, der bescheiden um seinen Beitrag in der Predigt weiß, darf sein handwerkliches Können auch als künstlerisches Spiel verstehen, mit dem er im Dienste Gottes steht. Ich meine die Freude an der Kreativität – oben war es die sprachschöpferische Kreativität – hier ist es das kreative Gestalten und Aufbauen der Predigt von einer Bewegung in die nächste. Das Gestalten einer Dramaturgie, eines Spannungsbogens vom Eingang bis zum Schluss der Predigt. Martin Nicol veranschaulicht in seinen Seminaren zur dramaturgischen Homiletik dieses spielerische, künstlerische Element mit bunten Schaumstoffteilchen, um damit aus verschiedenen „moves" eine „structure" zu bauen.[57]

Nicol und Bohren senden uns Prediger hinaus in die Welt, um dort wie Jäger und Sammler Predigtideen zu sammeln. Als aufmerksame Prediger sind wir ständig unterwegs und sammeln Material. Luther nannte es so, dass wir dem Volk aufs Maul schauen sollten. Für unseren Fall ergänzen wir, es geht darum, aus der uns umgebenden Lebenswelt zu schöpfen, um die Lebenswelt unserer Tage lebendig werden zu lassen zum Nutzen der Kunstgattung Predigt. Gedanken, Bilder, Ereignisse, Fragen, Zeitungsausschnitte, Predigtaus-

[57] Nicol/ Deeg, S. 83

schnitte werden gesammelt. Aus Kunst, Musik und Literatur werden Anleihen geholt. Der Prediger darf „klauen" für seine Predigtarbeit, die er wie ein Künstler gemäß Nicol in seinem Predigtatelier in aller Kreativität für seine Predigt nutzbar machen kann. „Die Lust am Wort vollzieht sich als Spiel mit dem Wort."[58]

Die Predigerin darf kreativ Bibelworte verfremden oder weiter schreiben, um sie uns Hörern wieder neu ins Bewusstsein zu bringen. Als Paradebeispiel führt Nicol den Versuch einer Studentin an: „Denn also hat Gott die Welt geliebt, dass er die Farbe Gelb erschuf."[59] Gewohntes und Altbekanntes kann damit neu und kreativ aufleuchten. Diese Freiheit, Bohren nennt dies ein heiliges Spiel[60], ist uns in unserer Bindung an das Wort gegeben. Nicht wir müssen das Wort Gottes machen, sondern es ist uns anvertraut. Ich sagte oben, nach meiner Vermutung könnte es Gott lieber sein, dass sein Wort im Schwange geht als dass es im sicheren Tresor verstaubt. Sicher haben wir gelernt, mit dem Wort der Bibel sorgsam und verantwortlich umzugehen. Wir könnten es gar nicht, wie Paulus es in seinen Briefen tut, einfach aus dem Zusammenhang reißen. Aber jede spielerische Verfremdung und jedes Weiterschreiben des biblischen Wortes kann

---

58 Bohren, S. 354
59 Nicol/Deeg, S. 123
60 Bohren, S. 354

dem Prediger und den Hörerinnen gut tun und kann zugleich auch in der Predigt wieder ins rechte Licht gerückt werden. Es geht eben nicht um die Vergewaltigung des Wortes, sondern in Liebe zu diesem um eine Kreativität mit dem Wort.

Wir entkrampfen die Predigt, wenn wir nicht jede Spannung in einem Text oder die Spannung zwischen dem Text und der heutigen Zeit und dem heutigen Empfinden auflösen. Vielmehr würden wir so dem Text eigentlich erst gerecht, wenn wir seine Spannung offen halten.

Um diese Kreativität in der Predigtarbeit geht es mir. Sie zu entdecken und mit einer entkrampften Leichtigkeit zu nutzen, erweckt in uns den Anreiz zum künstlerischen Spiel und entfacht somit die Leidenschaft zur Predigt. Der Hörer wird zwischen den Zeilen jene Leichtigkeit, Kreativität und Freiheit der Predigerin am Worte Gottes spüren. Er wird ihr die Liebe und die Lust am Wort und somit die Leidenschaft abspüren.

10. Quelle der Freiheit

Damit sind wir bei der letzten Quelle, der Freiheit. Predigt ist kein Krampf, wohl harte Arbeit, eben eine Leidenschaft, die Leiden schafft.

Zum einen geht es um die Freiheit des Predigers in seiner Predigt. Ich muss es nicht allen recht machen. Ich muss und kann nicht alle Probleme lösen. Es muss nicht alles bis zum letzten Ende zu Ende gedacht, erörtert und entfaltet werden. Ich muss mich nicht nach jeder Seite absichern. Ich darf predigen. Dazu bin ich berufen und beauftragt und darin werde ich gewollt und wahrgenommen. Ich darf darauf vertrauen, dass das biblische Wort sich seine Räume schafft. Ich darf dem Geist Gottes zutrauen, dass er dem jeweiligen Hörer die für ihn hilfreiche Tür öffnet. Nicol betitelt seine Homiletik mit der schönen Formel: „Einander ins Bild setzen". Das tut gut, das entlastet mich, holt mich heraus aus der selbst gebastelten Lehrerrolle auf der Kanzel. Da tut sich für mich eine Freiheit auf und weckt in mir wiederum die Leidenschaft, entkrampft mit tun zu dürfen am Werk Gottes. Wir setzten einander ins Bild der Bibel. Auch die Predigerin darf überrascht werden damit, was die Hörerinnen und Hörer aus ihrer Predigt je verschieden mitgenommen haben.

Zum anderen geht es um die Freiheit in der Predigt für den Hörer. Freiheit soll ihm aufleuchten. Dazu braucht es entkrampfte Prediger im oben beschriebenen Sinn. Dazu braucht es das lebensdienliche Evangelium, auch wenn der Predigerin nicht immer im Blick auf ihre Hörer und ihre eigene Situation zum Evangelium zu Mute ist. Es geht nicht um uns, sondern um das Evangelium. Es geht um Zukunftseröffnung und um Lebensdienlichkeit. Dazu braucht es die öffnende Predigt – eben die Predigt als offenes Kunstwerk. Wenn es gelingt, dass die Hörerinnen in ihrer Kreativität gefordert werden, wenn ihnen zugetraut wird mit offenen Fragen und Spannungen nach Hause zu gehen und selbst mit an Lösungen zu bauen, dann ist die Predigt ein offenes Kunstwerk.

Über allem steht die Freiheit. Der Prediger soll seine Eigenheiten kennen, sie nicht im Kopf und Herz abschneiden.

Die hier aufgeführten Quellen mögen helfen, eigene Entdeckungen zu machen. Sie sollen die Freude an der Predigt fördern und eine Leidenschaft entfachen für diesen schönen Dienst in einem wunderbar vielseitigen Beruf – eben einer Profession!

V. Dank und Selbstreflexion

Als erstes gilt es hier, meiner Kirche Dank zu sagen für die großartige Möglichkeit eines Studiensemesters. Es ist eine gute Möglichkeit, dass wir Mitarbeitenden im Pfarrdienst alle fünf Jahre zur theologischen Vertiefung ein Studiensemester nutzen können. Natürlich kommt dies wiederum auch unserer Kirche zu Gute. Wenn wir als Kirche gut aus- und weitergebildete Pfarrer und Pfarrerinnen wollen, und das ist auf jeden Fall nötig, dann müssen wir hier investieren. Ich werbe in unserem Kirchenkreis sehr für die Wahrnehmung eines solchen Studiensemesters wie für die Fortbildung überhaupt und wäre sehr für eine Fortbildungspflicht. Aber wie es oft mit guten Sachen ist, sollte natürlich nicht die Pflicht sondern der eigene Wunsch im Vordergrund stehen.

In mir schwelte schon lange der Wunsch einmal wieder frei von allen Verpflichtungen in ein theologisches Thema tiefer gehend einzutauchen. Dass dies nun möglich war, dafür danke ich meiner Kirche und meinem Kirchenkreis Lehnin-Belzig und unserem stellvertretenden Superintendenten Bernd Kuhnt.

Wie erging es mir in dieser Zeit? Eine solche Selbstreflexion könnte helfen, auch anderen Mut zu machen.

Es war am Anfang schwer, aus dem gewohnten Arbeitsrhythmus auszusteigen und einen dem Studiensemester angemessenen Rhythmus zu finden. Drei Schwierigkeiten taten sich mir auf.

Erstens das Loslassen der Verantwortung. Es fiel mir schwerer als je vorher gedacht, nicht aktiv mit zu wirken in den Belangen des Kirchenkreises. Dies war natürlich dadurch verstärkt, dass ich mich die meiste Zeit zu Hause unmittelbar in meinem beruflichen Arbeits- und Wohnumfeld befand. Bei den Kursen im Atelier Sprache, zu denen in einem gesonderten Punkt noch vieles zu sagen ist, gelang es gut den Abstand zu gewinnen. Personelle Veränderungen im Kirchenkreis erforderten meine Aufmerksamkeit und mein aktives Mitwirken an manchen Stellen. Die Frage der Kirchenkreisfusion schwebte im Hintergrund sowie auch mein eigenes Suchen in den Fragen der beruflichen Zukunft. Es ist mir allerdings schon auffällig, wie schlecht ich anfangs die Verantwortung abgeben konnte. Nicht, dass ich mich als unabkömmlich gefühlt hätte, sondern es ist wohl vielmehr das starke Verwobensein mit dem Kirchenkreis. Ich spreche darum auch gern von meinem Kirchenkreis, obwohl wir alle Mitarbeiter auf Zeit sind und das Wohl und Wehe der Kirche nicht an uns hängt. Jedenfalls – und ich sehe dies positiv – war das sich Herausnehmen aus den Belangen des

Kirchenkreises sehr schwer. Es ist auch zu keiner Zeit völlig gelungen, aber mit der Zeit fiel es mir leichter.

Trotz positiver Wertung ist mir das allerdings auch ein Signal für mich und andere. Wir müssen das Abgeben lernen. Hier sehe ich auch eine Schwierigkeit benannt, warum sich nur schwer Pfarrerinnen und Pfarrer auf ein Studiensemester einlassen. Manchen fällt es schon schwer, ihren eigenen Urlaub zu planen, geschweige denn Fortbildungen zu besuchen. Uns verfolgt neben den Fragen der Arbeits- und Vertretungsorganisation und des „Loslassen-Könnens" auch die Angst, im Blick der Gemeinde möglicherweise als faul zu gelten. Ich kenne keine faulen Mitarbeiter in meinem Kirchenkreis, sondern erlebe sehr engagierte und eher über die eigene Kraft hinaus gehende Anstrengung. Aber es bleibt auf Seiten der GKR und der Gemeinden ein gewisses Unverständnis gegenüber einem dreimonatigen Studiensemester. Darum finde ich den in unserer Kirche feststehenden Begriff des Studienurlaubes völlig unpassend. Es geht nicht um Urlaub, sondern um Freistellung von den Dienstpflichten zur Fortbildung. Hier muss der Superintendent den GKR und Gemeinden die Notwendigkeit eines Studiensemesters nahe bringen. Wir dürfen unsere pfarramtlich Mitarbeitenden gerade angesichts ihrer engen Bindung an die Gemeinden darin nicht allein lassen. Zugleich müssen wir auf Konventsebene die Wahrnehmung von Studiensemestern planmäßig angehen.

Zweitens fiel es mir anfangs nicht leicht, theologisch tiefgehend zu arbeiten. Literatur gedanklich zu durchdringen, aufzunehmen und zu verarbeiten. Das Studium musste erneut eingeübt werden. Dies gelang mit der Zeit zunehmend besser.

Drittens habe ich den Fehler gemacht, mich von Anfang an zu sehr unter einen inneren Druck zu stellen. Ich wollte diese Zeit so effektiv wie nur möglich nutzen, war voller Ungeduld und hatte mir täglich ein festes Pensum an Studienarbeit vorgenommen. Dies war auch zu schaffen und auch wiederum notwendig, um den Abstand zur Arbeit im Kirchenkreis und in der Kirchengemeinde zu gewinnen. Aber Druck ist bekanntlich nicht gut und er fiel auch erst von mir ab, als ich allmählich merkte, wie sich erste Früchte des Studiums in mir selbst regten und langsam etwas zu wachsen begann. Das machte mich frei auch länger an einem Sachverhalt gedanklich zu verbleiben und ihn tiefer zu durchdringen. Als sehr kreativ habe ich das Schreiben dieses Berichtes erlebt. Die Gedankenfülle wollte sich nun Raum verschaffen und Gestalt gewinnen in schriftlicher Form. Es ist so, als würde die innere Fülle zur Aufführung drängen. Darum freue ich mich auch auf die Möglichkeiten, etwas davon in Vorträgen weiter zu geben.

Es bleibt in mir ein großer Dank für diese geschenkte Zeit und ein reicher Schatz von vielen Gedanken und neuen Erkenntnissen. Ich bin froh dieses Thema gewählt zu haben, das ich gemeinsam mit dem Direktor des Predigerseminars in Braunschweig, Pfr. Dieter Rammler, entwickelt habe, der mir stets ein hilfreicher Gesprächspartner war. Die Thematik beschäftigt mich weiter und sie ist mir von zentraler Bedeutung in meinem Dienst in unserer Kirche.

VI. Wichtig: Impulse von außen

Hiermit möchte ich meinen Dank ausdrücklich auch dem Atelier Sprache in Braunschweig sagen. Von Beginn an war mir klar, dass ein Studium zu Hause unbedingt auch den Input von außen braucht. So habe ich mein Studiensemester vorbereitend und begleitend mit Kursen im Atelier Sprache versehen und konnte somit zugleich die „Meisterklasse Predigt" im Atelier Sprache absolvieren. Dies war nur möglich durch eine starke finanzielle Förderung des Kirchenkreises Lehnin-Belzig.

Von den neun geplanten Kursen konnte ich sieben besuchen, da zwei aufgrund zu geringer Teilnehmerzahl ausfielen. Ich führe diese sieben hier mit einer Kurzbeschreibung (zitiert aus den Teilnahmebescheinigungen) und mit persönlichen Eindrücken versehen auf, um damit zugleich auch für die gute Arbeit im Atelier Sprache zu werben. Soweit es die Thematik dieses Berichts vertieft oder erweitert, führe ich aus den Kursen Impulse entfalteter auf.

Allen Kursen galt gemeinsam: Erstens – die gute und angenehme Atmosphäre im Atelier Sprache. Zweitens – die sehr gute Fachkompetenz der Referenten. Drittens – die Referenten haben es vermocht eine vertrauensvolle Atmosphäre unter den Teilnehmenden entstehen zu lassen, denn bei der

Predigt geht es immer um etwas Persönliches. Die Predigt hat eine eigene Note. Viertens – die Intensität der Arbeit mit eigenen und fremden Beiträgen. Ganz schnell fand der Kurs in vertiefende Arbeit, der sich niemand entzog. Fünftens – der interessante Austausch unter den Teilnehmenden, die aus verschiedenen Landeskirchen der EKD alle mit hoher Motivation zusammenkamen.

Dramaturgische Homiletik I und II vom 16. bis 19. Februar 2009

In diesem Kompaktkurs mit Prof. Martin Nicol und Dr. Alexander Deeg wurde das Konzept der Dramaturgischen Homiletik vorgestellt und mit praktischen Übungen vertieft. „Inputs der Referenten und Übungen der Teilnehmenden bilden den Wechselschritt der Kurswoche. Das Seminar leitet dazu an, die einzelnen Sequenzen (Moves) und die dramaturgische Gesamtgestalt der Predigt (Structure) in sprachlicher und theologischer Hinsicht zu reflektieren und in praktischen Übungen selbst zu gestalten. Die Begriffe Moves & Structure sind der amerikanischen New Homiletic entlehnt und bilden das elementare Handwerkszeug der Dramaturgischen Homiletik."

Ich bin froh diesen Kurs besucht zu haben und die entsprechenden Bücher: „Einander ins Bild setzen“ und das „Werkbuch“ gelesen zu haben. Denn gerade im Kurs haben die praktischen Übungen und die wiederholte Arbeit am eigenen Entwurf und deren Reflexion in der Gruppe der Theorie auf eine fruchtbare Arbeitsebene verholfen.

Die beiden Referenten haben eine sehr einfühlsame und ermutigende Gabe, die eigene Kreativität in den Teilnehmenden zu wecken. Kein Kursteilnehmer brauchte sich vor dem anderen zu verstecken, denn bei der Predigt geht es immer um etwas Persönliches. Mit der Predigt zeigen wir uns.

Frei predigen vom 09. bis 11. März 2009

„Jeder Sprechakt ist ein Angehen und letztendlich halten wir uns dann doch am Manuskript fest. Der Traum von Freiheit, von Unmittelbarkeit und Leichtigkeit im Sprechen während wir predigen, die Selbstverständlichkeit eines guten Kontaktes zu den Hörern, das Vertrauen in ruhig fließende Gedanken, bleiben leicht auf der Strecke. Zunächst: Eine freie Predigt wird genauso gut vorbereitet wie eine manuskriptgebundene. Darüber hinaus gibt es eine Reihe von Methoden, die das freie Sprechen unterstützen und uns Sicherheit vermitteln. Wir erfahren, dass sich unsere Worte im

Sprechvorgang sinnvoll ordnen. Wir lernen Strukturmodelle einzusetzen, die uns durch unsere Predigt führen. Wir nutzen das Prinzip des Sprechdenkens, um uns auf den unmittelbaren Dialog mit dem Zuhörer und der Zuhörerin vorzubereiten. Wir üben das freie Sprechen anhand von Predigtsequenzen und anhand häufig wiederkehrender Situationen in der Gemeindearbeit."

Dieser Kurs hat mir geholfen dem eigenen Sprachfluss mehr zu vertrauen. Trotzdem würde ich eine Predigt weiterhin bis ins letzte Wort ausformulieren, eben weil sie mir als ein Kunstwerk gilt und ich mich deswegen nicht in einzelnen Gedanken verlieren möchte. D. h. aber nicht, dass große Teile der ausformulierten Predigt nicht frei gesprochen werden. Dazu war der Kurs hilfreich. Zu den oben beschriebenen Übungen kam das Beobachten der eigenen Atemtechnik hinzu, dies wurde verbunden mit einem festen Auftritt. Der Sprechakt z. B. eines kurzen Satzes erfolgt nach dem bewussten und ruhigen Einatmen und mit ihm strömt der Atem aus. Dieses bewusste Atmen beruhigt die innere Aufregung und hilft ebenso der ruhigen Vorbereitung des nächsten Sprechaktes. Zugleich wird den Hörern das Hören erleichtert. Wenn man auch Vieles bereits richtig macht, so ist das Durchdenken und Erproben doch eine wichtige Hilfe, es noch besser zu machen, sich selbst auch bewusst wahrzunehmen. Denn bei einer Predigt wollen wir schon unser Bestes geben, dazu gehören der bewusste Sprechakt, ein gutes „standing“, das ruhige Atmen, die freie Rede und eine gute Gestik. Gerd Zietlow mit seiner Schauspielerfahrung konnte uns hier Einiges vermitteln.

Biografische Predigt vom 08. bis 10. Juni 2009

„Die Kasual-Predigt bietet der Bibel die seltene Gelegenheit ins Gespräch zu kommen mit der Biografie von Menschen. Das verlangt aber Gespür für die Themen, die ein Leben am Anfang (Taufe), in der Mitte (Trauung) und am Ende (Bestattung) hervorbringt – und Findigkeit, dies theologisch ohne Verrenkungen zu deuten. Wir arbeiten an Ihren Fällen, wir sichten Ihre Ideen, wir erproben Ihren Denk- und Sprechstil. Besonders achten wir auf die theologische Sprache, damit sie sich zurecht findet bei den Menschen, die keinen kirchlichen Bezug haben. In einem Seitenblick betrachten wir wichtige Orte und Abläufe des jeweiligen Gottesdienstes, denn dort lauern ungeahnte Fallen und Chancen. Dieser Kurs ist eine gute Gelegenheit, die eigene Kasualpraxis zu justieren.“

Bei diesem Kurs hatte ich das besondere Glück, gerade eine besondere Kasualansprache vor mir zu haben. Es handelte sich um eine Ansprache auf dem Marktplatz unseres Ortes zum europaweiten Projekt „Titanen on tour“, hier wurde die Besiedlung des Hohen Flämings vor 850 Jahren aktiv nachgestellt. Meine vorbereitete Ansprache wurde im Kurs dermaßen „zerpflückt“ (im positiven Sinn), dass ich daraus viel lernen konnte und während des Kurses gleich eine zweite und dritte Fassung erarbeitete. Das Beispiel zeigt die Notwendigkeiten einer vertrauensvollen Teilnehmerrunde sowie guter Moderation und dass man am eigenen Beispiel am meisten lernt.

Ich bin in diesem Bericht nicht auf die Kasualpredigt eingegangen. Vieles zur Predigt im Sonntagsgottesdienst gilt aber auch ihr. Allerdings hat sie überdies ihre Besonderheiten. Auf jeden Fall ist hier eine Kernkompetenz von uns pfarramtlich Mitarbeitenden gefordert. In kaum einem anderen Fall ist die Aufmerksamkeit gegenüber der Predigt dermaßen hoch wie hier. Und besonders für unsere Situation in den neuen Bundesländern gilt, dass sie eine große Schar der Kirche fern stehender Menschen erreicht. Im ländlichen Bereich machen die Kasualien nicht die Hauptlast im Pfarrdienst aus, sie haben aber einen enorm hohen Stellenwert. Es gibt Dörfer, da geht aus jedem Haus zumindest einer zur Bestattung. Die Kasualpredigt hat nicht nur für die Angehörigen eine hohe Bedeutung, sie ist zugleich von starker

Außenwirkung. Bei vielen Pfarrämtern in der Stadt, in denen Pfarrerinnen und Pfarrer bis zu sieben Beerdigungen in der Woche neben einem ohnehin vielfältigen Dienst zu verantworten haben, kann ich mir nicht vorstellen, wie es gelingen kann, sich jeweils mit einer persönlichen Kasualpredigt den Menschen zu zuwenden. Obwohl die traditionelle Bindung an Kasualien in der Stadt sicher nicht so hoch ist wie auf dem Land, haben sie doch eine ähnlich wichtige Bedeutung und Außenwirkung.

„Öffentlich reden" – Rhetorik konstruktiv nutzen vom 14. bis 16. September 2009

„Pfarrer und Pfarrerinnen sind nicht nur auf der Kanzel herausgefordert. Die Anlässe für öffentliche Reden sind vielfältig. Auch hierbei bestimmt die Absicht des Redners die Wahl der rhetorischen Mittel. Aber nicht allein! In welcher konkreten Situation wird das Wort ergriffen? Eine Kirchenvorstandsitzung verlangt eine andere Rhetorik als das Grußwort oder die Gratulation zum Jubiläum. Wer sind die Hörerinnen und Gesprächspartner? In welchem Verhältnis stehe ich zu ihnen? Welche Interessen verfolgen sie in ihrer Rolle als Hörer, Mitarbeiter, Diskussions- oder Verhandlungspartner? Angemessene Rhetorik analysiert die Bedingungen und reagiert sensibel und flexibel, ohne die eigenen Interessen oder den persönlichen Standpunkt aus den Augen zu verlieren. Verantwortliche Rhetorik versteht sich als partnerschaftliche Kommunikation. Neben den grundlegenden und auch heute noch gültigen Erkenntnissen, zum Beispiel über Argumentationstechnik, Redeaufbau, Analyse und Figurenlehre, integriert die Rhetorik auch die neuen Einsichten der Kommunikationswissenschaft. Das Seminar vermittelt praktisch und konkret rhetorisches Handwerkszeug. Sprechsituationen werden vor dem Hintergrund theologischer Berufspraxis analysiert und eingeschätzt, Sprechversuche und gutes Feed-back dienen dem Training. „Kommunikationsfallen“ sollen ausfindig gemacht und Modelle zum Erkennen von Mehrdeutigkeiten und Missverständnissen erarbeitet werden. Wir möchten das Bewusstsein für die eigene rhetorische Präsenz schärfen und den authentischen und sicheren Umgang mit der eigenen Sprache im öffentlichen Raum einüben.“

Die Rhetorik habe ich in meinem Bericht nicht extra aufgenommen. Sie gehört für mich als Handwerkszeug in die sprachschöpferische Quelle. Wobei klar ist, dass Form und Inhalt einander bedingen. Die Predigt ist keine rhetorisch glanzvolle Rede, die durch ihre Redebrillanz und Rhetorik überzeugen will. Die Rhetorik kommt aus der Gerichtsrede.

Sie bietet ein gutes Handwerkszeug. Dieses zu wissen und zu nutzen, gerade auch was die oben beschriebene Vielfalt der Redesituationen betrifft, ist gut. Man muss auch nicht gegen sie argumentieren wie R. Bohren im Gefolge der dialektischen Theologie, sondern man muss sie zu nutzen wissen, allerdings dem Inhalt angepasst und nicht umgedreht. Rhetorisch glanzvolle Reden haben eine Selbstgefälligkeit und stehen in der Gefahr den Inhalt in die zweite Reihe zu verbannen.

Neben der Predigt ist sie mir durch diesen Kurs zu einem guten Handwerkszeug in vielfältiger Redesituation geworden, schon allein in der Klärung der Intention und dem Aufbau der Rede. Im Kurs hat die Übung an eigenen konkreten Beispielen viel gebracht.

Bugenhagen Kolleg vom 21. bis 24. September 2009
„Predigt zwischen Frömmigkeit und Öffentlichkeit"

Dieses Kolleg außerhalb der „Meisterklasse Predigt" war für mich hoch interessant.

Dr. Tim Lorenzen, Kirchenhistoriker der Universität München, verdeutlichte uns an historischen Orten der Stadt Braunschweig das Wirken von Johannes Bugenhagen. Er wurde von den Stadtoberen gerufen um der Stadt, die sich aus verschiedenen Stadtteilen (Weichbilden) zusammensetzte, eine lutherische Kirchenordnung zu geben, die zugleich Gemeinwesencharakter hatte. Bemerkenswert ist an der Persönlichkeit Bugenhagens, der für eine solche Aufgabe in verschiedene Städte gerufen wurde, dass er Kirchenleitung als Leitung durch das Wort verstand. So stand in seinem Kennenlernen der Menschen und der Situation in den Weichbilden Braunschweigs der Predigtdienst im Vordergrund. Dadurch konnte er mit den Stadtoberen eine Kirchenordnung als Gemeinwesen von der Basis her entwickeln. Darum ist sie in Braunschweig auch auf Akzeptanz gestoßen und gelungen, während sein Auftrag im Herzogtum Braunschweig-Wolfenbüttel den gegenteiligen Weg ging. Hier wurde eine Kirchenreform von oben den Menschen durch herzogliche Anordnung aufoktroyiert. Letztlich hat sich aber – gerade nach dem Bauernkrieg und in Anbetracht der politischen Situation zur Zeit der Reformation – die Anordnung von oben (cuius regio eius religio) durchgesetzt. Die evangelische Kirche wurde Territorialkirche. Das aber muss aus der Zeit und ihren Gegebenheiten heraus verstanden werden.

Ich finde dies deswegen so ansprechend, weil auch in unserem Dienst, egal auf welcher Ebene, Kirchenleitung durch das Wort geschieht. Wir haben neben der uns auf Zeit verliehenen Leitungsaufgabe eine Leitungsvollmacht durch die Wortverkündigung, die uns anvertraut ist. Es ist somit eine abgeleitete Autorität, die sich zuallererst als ein Dienst am Wort Gottes erweisen muss. Und es ist darüber hinaus zu ergänzen – gerade in Ableitung wiederum aus dem Wort: „ Alle Leitung der Kirche ist demütiger, geschwisterlicher Dienst im Gehorsam gegenüber dem guten Hirten."[61] In dem so verstandenen Tun Bugenhagens erweist die Predigt ihre kirchenleitende Relevanz zwischen Frömmigkeit und Öffentlichkeit.

Prof. Manfred Josuttis hat in diesem Kolleg einen mich sehr bewegenden Vortrag unter der Überschrift: „Ich geh und suche mit Verlangen" unter Nutzung der gleichnamigen Kantate J. S. Bachs gehalten. Er hat uns die spirituelle Dimension der Predigtvorbereitung als einen immer neu zu gehenden Weg aufgezeigt. Hierin hat er meine Frage nach der Leidenschaft für die Predigt eng berührt. Ich nenne darum einige Stichworte dieses Weges aus seinem Vortrag:

1. Die erste Begegnung mit dem zu predigenden Text dient der Vergewisserung der eigenen Berufung. Ich bin dazu berufen, das Wort zu predigen, das

---

[61] Grundordnung der EKBO, Vorspruch II. 4, S. 9

wiederum weist mich an Gott und macht mich frei gegenüber eigenen und anderen Ansprüchen.

2. Der Prediger spürt alsbald eine eigene Verunsicherung nicht nur angesichts der Frage, was er predigen soll, sondern vielmehr über dem, was er beauftragt ist zu tun – eben das Wort Gottes öffentlich zu verkündigen. Wie kann er von Gott reden?
3. Die Selbstaufgabe des eigenen „Ich" des Predigers. Selbst leer werden, um mit dem gefüllt zu werden, was zu verkündigen ist. Aber dieses sich selbst Entleeren, um nicht am Ende sich selbst zu predigen, ist nicht machbar. Was bleibt dem Prediger anderes, als sich immer von neuem selbst in seinem Können und Nichtkönnen in die Arme Gottes zu werfen?
4. Der Prediger ruft darum Gott um Hilfe an. Die eigene Seele wartet auf den frischen Windhauch des Geistes. Die Dynamis des Wortes Gottes öffnet die Lippen für die Predigt.
5. Am Ende steht der selige Brautgesang. Die Predigt geschieht im Namen Gottes. Der Prediger darf sich gewiss sein, hier hat Gott geredet. Josuttis zitiert eindrücklich Martin Luther: „Denn ein Prediger muss nicht das Vaterunser beten noch Vergebung der Sünden suchen, wenn er gepredigt hat... Sondern

> muss mit Jeremia sagen und rühmen: Herr du weißt, das, was aus meinem Munde gegangen ist, das ist recht und dir gefällig... Wer solches nicht rühmen kann von seiner Predigt, der lasse das Predigen anstehen. Denn er leugnet gewisslich und lästert Gott."[62]

Josuttis macht deutlich, dass die Predigt wie ein Geburtsgeschehen ist. Es ist ein Ringen mit dem Text. Manchmal steht der Text wie ein harter Brocken gegen mich. Es braucht den Windhauch des Geistes. Die Predigt ist ein geistliches Geschehen. Gott wird auf der Kanzel gerufen, wie er bereits zu Beginn des Gottesdienstes gerufen wird in der Begrüßung und im Kyrie. Alles ist letztlich Gnade. Und in dem Bewusstsein dieser Gnade bin ich als Prediger frei und betrete mit der Predigt den großen Freiraum der Gnade Gottes.

Prof. Johanna Haberer eröffnete in ihrem Vortrag unter dem Titel: „Sagen, was Sache ist!" in Bezug auf die Predigt folgende mir aufschlussreiche Gedanken. Von ihrer Profession her zieht sie zunächst den Vergleich zwischen dem Journalisten und dem Prediger zu Rate. Beide haben einen öffent-

[62] Martin Luther 1541 in seiner Schrift: „Wider Hans Worst", Luthers Werke in Auswahl, Berlin 1950, S. 347

lichen Auftrag und arbeiten an der Öffentlichkeit. Aber sie haben eine unterschiedliche Hermeneutik in ihren Texten. Die Kameraeinstellung des Journalisten ist die der Multiperspektive, die des Predigers ist die Ästhetik der Theologie. Er sieht die Welt mit den Augen Gottes. Daran knüpft Frau Prof. Haberer eine Theoästhetik. Es geht darum die Welt so zu beschreiben, wie Gott sie sieht. Dies geschieht am Besten durch die Bibeltexte, in die wir wie in einen Raum eintreten und Menschen beschrieben vorfinden, wie Gott sie sieht (z.B. Zachäus s. Lukasevangelium 19,1-10). Dies sollten wir aufnehmen und in der Predigt zugänglich machen. Menschen, denen wir in der Kirchengemeinde begegnen, sollten wir in diesen Texten auftreten lassen. Von diesem biblischen Beispiel ausgehend ist es hilfreich, in der Predigtarbeit mit Porträts von Menschen zu arbeiten. Hörer reagieren äußerst interessiert, wenn die Predigerin von Menschen erzählt in ihrer Predigt, so sagt es auch der Schriftsteller Heinz Kattner. Bei den Porträts geht es darum, nicht vorschnell zu werten, sondern um Wahrnehmung. Wahrnehmung vor Wertung in unseren Beschreibungen von Menschen, sollte als Regel gelten. Menschen aus der Sicht Gottes porträtieren könnte eine Hilfe sein, dem modernen Menschen die Sicht Gottes auf den Menschen nahe zu bringen – eben ihm den Begegnungsraum mit dem Bibeltext und mit Gott zu öffnen. Insofern ist die Theoästhetik auch eine Form – wie oben unter III. 6. beschrieben – den Menschen unter der Verheißung Gottes zu sehen.

Pastor Wolfgang Teichert hat mir in seinem Vortrag unter dem Titel: „Lob des homiletischen Handwerks“ im Rückgriff auf Henning Luther noch mal das fragmentarische an der Predigt verdeutlicht. Die Predigt ist nicht das Abgeschlossene, sondern für die Hörer als ein Weiterführendes zu gestalten – eben ein offenes Kunstwerk. Wir sollten als Prediger auch nicht so tun, als wüssten wir genau alles, was Gott meint und will. In diesem Fall steht der Prediger selbst als ein Suchender, Fragender und Klagender auf der Seite der Gemeinde Gott gegenüber. Predigt, die auf den abschließenden Gestus verzichtet, macht sich solidarisch mit der Gemeinde.

Souveräne Stimme – Lebendige Sprache vom 02. bis 04. November 2009

„Wie lässt sich die eigene Präsenz stärken, der Kontakt zu den Hörern und die Intensität der Aussage erhöhen? Im Seminar werden wir, ausgehend von den individuellen Ressourcen, Grundlagen von Körpersprache, Stimmgebung und Textgestaltung erarbeiten. Dies geschieht ausschließlich auf praktische Weise mit einer Vielzahl von Übungen und hilfreichen Feedbacks. Das Ziel ist eine Stimme, die variabel, kräftig und voluminös klingt, eine Körpersprache, die den Inhalt angemessen zum Ausdruck bringt und eine Sprechweise, die ein lebendiges und natürliches Bild des Predigers und der Predigerin widerspiegelt. ..."

Auch in diesem Kurs war die Atemtechnik maßgebend. Ich bin dankbar für die vielen verschiedenen Atemübungen, mit deren Hilfe z. B. eine innere Aufregung oder Verspannung beruhigt und gelöst werden kann. Mit dem Hinweis, dass kein Sportler ohne Muskelaufwärmung seine Sportart antritt, traf Gerd Zietlow genau den Nerv. Wie oft gehen wir Prediger und Predigerinnen ohne Atem- und Stimmübungen in unseren Sprechakt, der genau wie im Sport unsere ganze Präsenz erfordert. Zur guten Predigt gehört ein qualitätsvoller Sprechakt, damit das Wort Gottes, was unser handwerkliches Können betrifft, zur Aufführung kommt.

Eigene Predigtsprache – Glaubwürdig und wirksam vom 23. bis 25. November 2009

„Glaubwürdig und wirksam predigen. Und das spürbar und begründet in eigener Sprache. Im Kurs stehen in Textübungen und Predigtpassagen sprachliche Formen, Mittel und Motive im Zentrum. Dabei wird im Kommentar und Lektorat auf die Wirkung beim Hören geachtet. Persönliche sprachliche Merkmale einer wirkungsvollen Rede kommen in der handwerklichen Arbeit an der Predigt konstruktiv zusammen."

Heinz Kattner zu erleben ist allein schon ein Genuss für sich. Von Beruf Schriftsteller ist er seit dreißig Jahren in der Fortbildung für Pfarrerinnen und Pfarrer tätig. Er schöpft aus einem großen Repertoire. Sein Hauptziel, dass Predigt der Predigerin Freude machen soll, war rundherum zu spüren. Auf eindrückliche Weise machte er uns an unseren erarbeiteten, mitgebrachten und vorgetragenen Werkstücken so manches deutlich.

Wie schnell wir als geschulte Theologen erklären, argumentieren, vorwegnehmend deuten und damit dem Hörer eine Deutung vorgeben. Man sollte nicht den Hörerinnen ein Bild oder ein Ereignis vor Augen malen und dieses mit eigenen Deutungen und Erklärungen einführen.

Manche Predigten beginnen mit einem Feuerwerk und enden mit Argumentationsketten. Dies widerspricht völlig der Aufmerksamkeit des Hörers. Diese ist am Anfang sehr hoch, baut sich in der Mitte ab und verflacht zum Ende zusehends, wenn keine Bewegung in die Sprache kommt.

Auffällig sind unsere „Wenn – dann“-Formulierungen, z. B.: „Wenn wir glauben, dann sind wir gerechtfertigt.“ Damit knüpfen wir z. B. die Rechtfertigung an eine Leistung.

Wir überladen unsere Predigten mit verschiedenen Motiven, anstatt eines durchzuhalten und mehrfach aufzugreifen. Wir bemühen uns so manche Botschaft eindrücklich durch Reihungen zu vermitteln und erreichen beim Hörer das Gegenteil.

Große Aufmerksamkeit sollte dem Schluss der Predigt gewidmet werden. Mit dem Predigtschluss geht die Hörerin nach Hause. Vielfach wird aber der Predigtschluss völlig überladen, weil noch abschließend alles gesagt werden muss, eine Lösung bereit gestellt werden muss und wir uns verpflichtet fühlen, es allen in allem Recht machen zu wollen und uns nach allen Seiten abschließend absichern zu müssen. Wir ertragen es wohl nur schwer, wenn eine Lösung offen bleibt, eine Spannung nicht beiseite geredet ist und wenn nicht alles irgendwie gesagt wird.

Diese praktischen Beispiele, von denen einige gut in der Zusammenstellung von Katharina Gralla unter dem Titel: „Deutsch für Theologinnen und Theologen“[63] zu finden sind, werden von mir deswegen hier benannt, weil sie eine

---

[63] Deutsch für Theologinnen und Theologen/ Ein Schnellkurs in fünfzehn Lektionen aus www.Gottesdienstinstitut-nek.de

Haltung widerspiegeln, die ich mehrfach in diesem Bericht genannt habe. Wir stehen als Prediger und Predigerinnen in der Gefahr und setzten uns damit selber unter Druck, alles erklären zu müssen. Wir reden wie Dozenten, die anderen etwas beibringen müssen. Ich unterstelle, auch wenn wir dies keinesfalls so wollen, stehen wir doch in dieser Tradition, sind davon geprägt und dies spiegelt sich in unseren Predigten und unserer Sprache wider.

Seit der ästhetischen Wende in der praktischen Theologie wird in vielen Bereichen eine andere Denkrichtung beschritten. Ich würde diese in einer Formulierung wie folgt benennen: Aufnahme nicht durch Stoffvermittlung, sondern durch Interaktion und prozesshafte Aneignung. Wie gelingt es uns einladend Räume zu eröffnen, ohne die Unterweisung und die Paränese nicht zu verleugnen, die auch zur Predigt gehören, aber nicht im Vordergrund stehen sollten?

Am Ende aber muss die Freiheit stehen und nicht das Gesetz. Heinz Kattner sagt bewusst, dass sich jede und jeder ihres und seines eigenen Stils bewusst werden muss, diesen nicht verleugnen darf. Der Prediger darf sich nicht aus Angst, etwas falsch zu machen, innerlich zuschnüren. Die Predigt soll Freude machen. Dazu ist es gut, dass die Predigerin sich und ihre Eigenheiten und ihre Subjektivität kennen lernt. Das gelingt dem Prediger wohl am Besten durch Fortbildung und durch Feedback. Es wird ihm aber nur gelingen, wenn er all' dies tut und lernt, aus Freude an der Predigt. Es braucht die Leidenschaft zur schönen Aufgabe der Predigt.

Einleitung

Ich möchte mit einem Vortrag dazu beitragen, dass die pfarramtlich Mitarbeitenden an sich selbst Entdeckungen machen, damit die Thematik des Berichtes für sie alltagsrelevant wird und sie bestenfalls gedanklich etwas mit nach Hause nehmen. Darum möchte ich die Hörerinnen und Hörer nicht mit Theorie überschütten, sondern erreichen, dass wir uns gemeinsam der Leidenschaft für die Predigt annähern. Es soll etwas von der Freude und der Lust an der Predigt entfacht werden.

Um die Predigerin aus ihrer gewohnten Rolle heraus zu nehmen, lenke ich ganz bewusst den Blick zuerst auf die Hörerperspektive. Dies aber auch, um eigene Erwartungen an die Predigt zu thematisieren.

Gewiss kann es an einem Konventsvormittag nur ein erstes Anreißen sein und ich muss mich beim Referieren auf wesentliche Punkte beschränken. Wer Vertiefung wünscht, kann den Bericht selbst lesen.

Außer dem geringen Zeitfaktor befürchte ich, dass den Teilnehmenden die Freiheit voreinander fehlt, sich tiefgehender über den Predigtdienst auszutauschen. In einem Pfarrkonvent ist man sich beruflich zu nahe und die Predigt hat bekanntlich eine die Person offenbarende Note. Deswegen ist mir hier die Behutsamkeit wichtig. Wenn daraus mehr entsteht, umso besser. Das Thema könnte wiederholt im Konvent aus verschiedenen Richtungen beleuchtet werden, bzw. mit anderen praktischen Beispielen erneut aufgegriffen werden.

Vortrag im Pfarrkonvent (Zeitrahmen zwei Stunden)

I. Hörerperspektive (25 Minuten)

1. Einstiegsfragen zur Klärung unserer Hörer-Erwartung und Hör-Erfahrung.

   Bitte überlegen Sie, denken Sie zurück, als Sie das letzte Mal eine Predigt gehört haben und notieren Sie Ihre Gedanken zu folgenden Fragen (stehen auf der Flipchart) (10 Min.):

   a. Mit welcher Erwartung haben Sie die Predigt gehört?
   b. Wie ist es Ihnen damit ergangen?
   c. Was ist Ihnen noch in Erinnerung?
   d. Was ist Ihnen an der Predigt aufgefallen?

2. Antworten sammeln und kurz auswerten (10 Minuten)

   a. Unsere Hörer-Erwartung zusammenfassen:
      z. B. Verständlichkeit/ Kürze/ Lebensrelevanz/ Lebendigkeit des Predigers/ geistlicher Zuspruch/ Textauslegung/ Theologische Gedanken/ Hilfe für das Leben

   b. Unsere Hör-Erfahrung zusammenfassen:
      z. B. ist mir noch etwas präsent/ habe ich etwas mitgenommen/ Enttäuschung/ Überraschung

II. Predigerperspektive (25 Minuten)

1. Einstiegsfragen zum Einfinden in der Predigerperspektive
   Zitat von U. Fischer vorweg (s. Einleitung S. 7)
   Bitte machen Sie sich kurze Notizen zu folgenden Fragen:
   a. Predige ich gern?
   b. Was reizt mich an der Predigt?
   c. Was fällt mir schwer an der Predigt?

2. Antworten sammeln und kurz auswerten
   zu a. z .B.: überwiegend ja
   zu b. z. B.: die Bibel übersetzen in das Leben
   zu c. z .B.: Sonntag für Sonntag/ der Predigteinfall/ fehlende Zeit

III. Darstellung der den Predigtdienst ermüdenden Faktoren (5 Minuten)
Diese sollen nur einzeln aufgerufen und mit einem Satz jeweils erläutert werden. Sie sollen nicht thematisiert werden.

IV. Kurzvortrag zu den Quellen, aus denen sich die Leidenschaft für die Predigt speist (20 Minuten)

– evt. Kaffeepause

V. Rückfragen und Gespräch (10 Minuten)
zu den Quellen, deren Auflistung auf der Flipchart zu sehen ist.

VI. Arbeit am Predigtschluss (40 Minuten)

1. Ein Beispiel austeilen und vorlesen
2. Fragen dazu: was fällt auf?
3. Selber aus den Stichworten einen Schluss formulieren (10 Minuten Zeit)
4. Einige Entwürfe einander vorstellen, ohne Kommentierung
5. Rückfrage: welche Stichworte sind Ihnen bei dem jeweiligen Entwurf in Erinnerung?

Die Arbeit an einem Predigtschluss könnte für einen Pfarrkonvent zum einen zu persönlich sein, zum anderen gehören die daraus zu gewinnenden Erkenntnisse eher zum Handwerkszeug der Homiletik, betreffen also nicht direkt die Thematik dieses Berichtes. Darum soll hier eine Alternative vorgestellt werden. Denkbar ist, die Auswahl abhängig zu machen vom Verlauf des Konventes und deren Wünschen.

Alternative:

VI. Gruppenarbeit an zwei Predigttexten

Zwei Predigttexte mit Fragen (Kopie) versehen werden entweder an zwei Gruppen als Gruppenarbeit oder im Wechsel an die Gesamtgruppe verteilt.

Gruppe A befasst sich mit dem Predigttext zum Sonntag Lätare Philipper 1,15-21(Perikopenreihe IV)

Gruppe B befasst sich mit dem Predigttext zum 3. Sonntag nach Trinitatis Lukas 19,1-10 (Perikopenreihe V)

Die Fragen:

1. Welche Bewegungen, Spannungen und welche Dramaturgie entdecken Sie im Text?
2. Was reizt oder ärgert Sie an dem Bibeltext?
3. Haben Sie eine Predigtidee?

Nach einer Arbeitsphase von zehn Minuten werden die Ergebnisse der Gesamtgruppe durch einzelne Beiträge vorgestellt. Dazu wird zunächst der Text vorgelesen und werden drei bis vier Statements zu den Fragen vorgetragen. Sodann erfolgt das gleiche Vorgehen für den zweiten Text. Die verbleibenden zehn Minuten dienen der Zusammenfassung und der Mitteilung von Fragen und Eindrücken.

Diese ersten Entdeckungen am jeweiligen Bibeltext sollen dazu dienen, die gehörten Quellen, aus denen sich eine Leidenschaft für die Predigt schöpft, bzw. auch die genannten Ermüdungen, am konkreten Beispiel wach zu rufen. Damit wir von der Theorie weg an der Praxis unsere jeweils eigene Leidenschaft entdecken und mitteilen. Beiden Texten wohnen vielfache Bewegungen, Spannungen und eine Dramaturgie inne. Allein diese könnten eine Lust zur Predigt auslösen. Es könnte aber auch im Fall von Lukas 19 in der ersten Reaktion das Gefühl des allzu bekannten und im Fall von Philipper 2 das Gefühl von überfordernder Gedankenfülle und Theorie den Prediger abschrecken.

– Bewegungen u. a. z. B. in Lukas 19: Die Erwartungen der Stadtoberen an Jesus/ Das Suchen des Zachäus/ Die Erwartungen der Zuschauer am Straßenrand / Der dramatische Moment als Jesus anhält und zu Zachäus aufschaut/ Was passiert in Zachäus?/ Das Murren der anderen und ihre Enttäuschungen/ Die Einkehr bei Zachäus/ Was läuft in den Jüngern ab? / Was empfinden die Betrogenen?/ Die Veränderung bei Zachäus/ Was empfindet Jesus?/ Wie geht es weiter?

– Bewegungen u. a. z. B. in Philipper 1: Paulus im Gefängnis/ Ihm wird aus der Gemeinde berichtet/ Er kann nicht eingreifen/ Wieso predigen einige Christus aus Neid – andere aus Streitsucht – andere aus Liebe?/ Wie kann Paulus glauben, dass so etwas zum Heil ausgeht?/ Wer nutzt die Gunst der Stunde?/ Wie geht die Gemeinde damit um? Ist sie verzweifelt, weil Paulus im Gefängnis ist?/ Wie tröstet Paulus?/ Warum will er lieber sterben?

VIII. Literaturliste

I. Bücher

Andrea Bieler, Hans-Martin Gutmann, Rechtfertigung der Überflüssigen, Gütersloh 2008

Rudolf Bohren, Predigtlehre, München 1986 (5. Aufl.)

Wilfried Engemann, Einführung in die Homiletik, Tübingen, Basel 2002

Martin Nicol, Einander ins Bild setzen, Dramaturgische Homiletik, 2005 (2. Aufl.)

Martin Nicol/ Alexander Deeg, Im Wechselschritt zur Kanzel, Göttingen 2005

Albrecht Grözinger, Homiletik (Lehrbuch Praktische Theologie), 2008

David Plüss, Gottesdienst als Textinszenierung, Zürich 2007

II. Zeitschriften, Zeitungen, Artikel

Evangelische Zeitung vom 15.03. 2009

Deutsches Pfarrerblatt, Heft 5/2009

Katharina Gralla, Deutsch für Theologinnen und Theologen, www.Gottesdienstinstitut-nek.de

Grundordnung der Evangelischen Kirche Berlin-Brandenburg-Oberlausitz, Konsistorium der EKBO (Hrsg.), Berlin 2003

Kirche der Freiheit. Perspektiven für die evangelische Kirche im 21. Jahrhundert. Ein Impulspapier des Rates der EKD, Kirchenamt der EKD (Hrsg.), Hannover 2006 die Kirche, 6. Dezember 2009, Nr. 49

Pfarrerin und Pfarrer als Beruf. Ein Leitbild für die Evangelische Kirche Berlin-Brandenburg, Evangelische Kirche Berlin-Brandenburg (Hrsg.), Berlin o. J.

Salz der Erde. Das Perspektivprogramm der EKBO, Der Presse- und Öffentlichkeitsbeauftragte der EKBO (Hrsg.), Berlin 2007

Skripturalität und Metaskripturalität, Hauptartikel von Alexander Deeg, in: Evangelische Theologie, 67. Jg., Heft 1, S. 5–17, Chr. Kaiser, Gütersloh 2007

Printed by Books on Demand GmbH, Norderstedt / Germany